Anders als die Andern

Madeleine Marti (Hg.)

Ida Erne

Anders
als die Andern

Eine lesbische Liebesgeschichte
aus den 1950er Jahren

Mit einem Vorwort
von Patricia Purtschert

Die Herausgeberin und der Verlag danken für die finanzielle Unterstützung:

Gemeinnütziger Frauenverein Baden
Sappho Verein Lesbengeschichte
Stadt Zürich
Swisslos Aargau
Verein Autonomes Frauenzentrum Zürich
Fonds Respect, getragen von LOS Lesbenorganisation Schweiz, Pink Cross und TGNS
Anita Hansemann und Peter Volkart
Fernanda Beltramello und Marga Schmid, Eva Marti, Andrea Achatz, Barbara Beer, Silvia Dingwall und viele weitere Frauen und Männer

© eFeF-Verlag Wettingen 2022
Alle Rechte vorbehalten
Umschlag, Satz: Sandra Walti www.belle-vue.ch
Umschlagbild: Malerin unbekannt
www.efefverlag.ch
ISBN 978-3-906199-24-5

Inhalt

Unerhörtes erzählen
Vorwort von Patricia Purtschert   7

Ida Erne – Anders als die Andern   19

Ein leise emanzipiertes Leben
Nachwort von Madeleine Marti   133

Unerhörtes erzählen

Ein Vorwort

«Anders als die Andern»: Dieser Titel macht neugierig, weil er verspricht, von denen zu erzählen, die anders sind. Er tut aber mehr als das. Er nimmt die Perspektive dieser Anderen ein und verwandelt damit die «Eigentlichen», die «Normalen», die «Angepassten», die «Heterosexuellen» ebenfalls zu solchen: «Anders als die Andern». Diese Perspektivenverschiebung ist mehr als ein rhetorischer Trick. Denn die Erzählung von Ida Erne ist konsequent aus der Sicht von Menschen geschrieben, mit deren Stimmen wir nicht vertraut, deren Geschichten kaum überliefert sind. Indem wir ihnen zuhören, erhalten wir Einblick in diese unbekannten Leben und einen anderen Blick auf die Schweiz der Nachkriegszeit. Wir erfahren, wie eine frauenliebende Frau mit den rigiden Geschlechter- und Familienbildern ihrer Gesellschaft um ein lebbares Leben ringt. Wir lernen die Härte und Unversöhnlichkeit kennen, mit der sie zur «Anderen» gemacht wird. Wir sehen aber auch, wie sie mit Gefühlen und Begehren leben lernt, die es offiziell nicht gibt.

Nicht nur die Protagonistin der Erzählung, Irene Hasler, ist anders. Ida Erne erzählt von vielen Figuren, die nicht ganz in die bürgerliche Welt passen: Neben der frauenliebenden Serviceangestellten Irene ist das die lesbische Musikerin Kathy und ihre Partnerin Fritzi, die mit ihrer Frauenkapelle durch Westeuropa touren, das (!) fleissige Fräulein Brun, das ihr Leben als alleinstehende

Frau meistert, Direktorin Monier, die mit strenger Hand einen ansehnlichen Gastbetrieb führt, oder der schwule Peter, der mit seinem Partner Harry ein schmuckes Haus am Fusse des Uetlibergs bewohnt. Fast alle Protagonist*innen sind unverheiratete Frauen, die in ökonomisch bescheidenen oder gar prekären Verhältnissen leben und sich mit den beschränkten Möglichkeiten arrangieren müssen, die die patriarchale Gesellschaft ihnen eröffnet. Ihre Geschichte wird hier erzählt.

Berührend ist diese Erzählung deshalb, weil sie Menschen, die ausserhalb der Ehe leben, miteinander ins Gespräch bringt. Sie führt die Macht dieser patriarchalen Institution vor Augen und macht zugleich das reiche Leben sichtbar, das sich ausserhalb und an ihren Rändern entfaltet. Die dominanten Figuren dieser Zeit, die Politiker, die überall auf der Welt zum kalten Krieg rüsten, die bürgerlichen Männer, die die Schweiz regieren, die vermögenden Unternehmer, die die Geschicke von Zürich lenken, die Pfarrer auf der Kanzel, die mit ihren Predigten die Bevölkerung unterweisen – sie alle bleiben im Hintergrund. Wenn der lange, prüfende Blick des Arztes (105) auf Irene fällt, nachdem sie sich als Kathys Freundin vorgestellt hat, bleibt es dabei. Die Mächtigen sind spürbar als diejenigen, die die Lebensmöglichkeiten der «Anderen» bestimmen und einschränken, aber sie stehen nicht auf der Bühne dieser Geschichte. Diese Bühne gehört den Anderen.

Die Figuren, die auf dieser Bühne auftreten, gehen unterschiedlich mit ihrem lesbischen Begehren um. Da ist die Schülerin Elsy, die sich einen unbeschwerten Moment lang innig ihrer Freundin zuwendet. Oder die gestrenge Madame Monier, von der Irene vermutet, dass sie selbst «ihre Gefühle abgetötet hat» (113). Da sind Kathy und Fritzi, die «wie ein Ehepaar» (27) zusammen leben und Arbeit, Finanzen und ein gemeinsames Unternehmen teilen. Sie sind international vernetzt und freundschaftlich verbunden mit «anderen Anderen» wie dem schwulen Paar Peter und Harry. Gemeinsam schaffen sie flüchtige Orte, an denen sie tanzen, essen, reden und feiern können, ohne ihre Homosexualität verstecken oder sie legitimieren zu müssen. «Verstehst du auch endlich», sagt Kathy zu Irene nach dem Besuch bei ihrem Freund Peter, «warum wir einander brauchen, einander helfen müssen?» (103) Die queere Kollektivität gibt Kathy ein Gefühl der Zugehörigkeit und des Aufgehobenseins in einer lesbenfeindlichen Welt. Bei Irene löst dies allerdings ganz andere Gefühle aus. Es befremdet sie zu sehen, wie Kathy und Peter ein Recht auf ihr Anderssein einfordern. «Sie geht nicht einig mit den Frauen» heisst es in der Erzählung, «die sich wie Männer aufspielen, die Gesellschaft herausfordern und vor den Kopf stossen» (80) und sucht, wie Madeleine Marti im Nachwort schreibt, «im Verborgenen» (189) nach ihrem Glück. Als wichtiger Anker im Alltag erweist sich ihr die Religiosität und ihr wiedergefundenes Vertrauen zu Gott. Irene will ihre Liebe zu Frauen diskret leben und, wenn überhaupt, zurückhaltend artikulieren. Einer neuen Bekannten beschreibt sie sich als alleinstehende Frau, «die nie heiraten» (36) wird.

Von diesen unterschiedlichen Umgangsweisen mit lesbischem Begehren können wir viel lernen. Zum einen zeigt die Freundschaft von Kathy und Peter, dass sich auch vor der Neuen Lesbenbewegung der 1970er Jahre gleichgeschlechtlich liebende Frauen und Männer unter schwierigen gesellschaftlichen Bedingungen zusammenschlossen und kollektiv organisierten, auch über Landesgrenzen hinweg. Dies ist eine wenig bekannte Geschichte, die für die Schweiz von Ilse Kokula, Ulrike Böhmer (1991) und jüngst von Corinne Rufli (2015) aufgearbeitet wurde. Zum anderen erinnert die Figur von Irene daran, dass nicht alle frauenliebenden Frauen öffentliche Anerkennung suchen. Auch heute führen viele von ihnen ein verschwiegenes, diskretes, manchmal verstecktes Leben. Oder sie hegen wie Irene – vor ihrer Begegnung mit Kathy – Gefühle für andere Frauen, ohne je auf eine von ihnen zuzugehen, fest entschlossen, «ihren aparten Neigungen keinen Raum [zu] gewähren» (23).

Eindrücklich wird im Text das innere Ringen von Irene mit dem Anderssein dokumentiert, das sie selbst als «widernatürliche geschlechtliche Veranlagung» (71) beschreibt und gleichzeitig mit Verve ausruft: «Haben denn diese Frauen nicht auch ein Recht auf Liebe?» (48) Solche Worte machen die historische Distanz zu einer Zeit erkennbar, als frauenliebende Frauen «ohne jede gesellschaftliche Perspektive [...] zusammen allein» (Marti 1992, 50) lebten. Sie befanden sich in einer Welt, in der keine anerkannten Begriffe für lesbische Frauen existierten, die nicht verletzend waren, in der die rechtliche Anerkennung gleichgeschlechtlicher Partnerschaften, so unvollständig und ambivalent sie noch immer ist (vgl. Mesquita, 2011 und Nay, 2017) in weiter Ferne lag, als es noch keine

Stadtpräsidentinnen, Politiker, Sportlerinnen oder Fernsehstars gab, die ihre Homosexualität öffentlich sichtbar leben konnten, als die Einsamkeit wie ein grosser Schatten über der Auseinandersetzung frauenliebender Frauen mit ihren Sehnsüchten lag.

Als historische Figur und als Person, die Diskretion statt Revolution sucht, fordert uns Irene gleich doppelt dazu auf, die Grenzen unserer Begrifflichkeit zu reflektieren: Wie können wir von Frauen sprechen, die in erotischen, sexuellen, intimen, innigen und/oder verbindlichen Beziehungen mit anderen Frauen leb(t)en, ohne dies öffentlich machen zu können oder wollen? Sollen wir von «frauenliebenden Frauen» sprechen, wie es Christina Caprez und Yv Nay (2008, 233) oder Corinne Rufli (2015, 12) in ihren Forschungen zur Schweiz tun? Oder von Frauen, die «lesbian-like» leben, wie es Judith M. Bennett (2000) vorschlägt? Oder sollen wir mit Serena O. Dankwa von «everyday same-sex intimacies» (Dankwa, 2021, 19) zwischen Frauen sprechen? All diese Ansätze erfordern eine Achtsamkeit für die Worte, die diese Frauen selbst verwenden, wenn sie uns denn zugänglich sind. Es gehe, sagt Irene über ihre Liebe zu Kathy, um Gefühle, die «nach Erfüllung» rufen, « – nach erfülltem Leben» (22). Obwohl dieser Ruf in der Schweiz der 1950er Jahre mit ihrer rigiden Geschlechtermoral und der Unsichtbarkeit von Lesben im öffentlichen Raum auf eine spezifisch historische Situation reagiert, hallt er bis heute nach. Denn trotz aller Differenzen zur Gegenwart sind viele lesbische Frauen noch immer mit beidem beschäftigt, mit gesellschaftlichem Widerstand und queerem Eigensinn (vgl. Rufli et al., 2020).

Vertraut sind auch viele damit, dass ihre Kleidung, ihre Stimme, ihre Gesten und Bewegungen auf Abwehr stossen und Sanktionen nach sich ziehen. Und auch davon handelt Ida Ernes Geschichte. Insbesondere Kathy wird aufgrund ihres Aussehens zur Anderen gemacht. Die Auseinandersetzung mit ihrer geschlechtlichen Uneindeutigkeit begann bereits in ihrer Kindheit, als sich ihre Mutter mit der androgynen Erscheinung ihrer Tochter «irgendwie betrogen fühlte» (92). Die Irritation, die Kathys eigensinnige Verkörperung von Geschlecht auslöst, führt eine Szene vor Augen, in der wir sie mit Peter tanzen sehen. «Das Bild, das sich Irenes Augen darbietet, ist zu grotesk. Kathy führt und Peter lässt sich führen. Er liegt in ihren Armen wie ein zärtlich verliebtes Weib.» (101) Von Kathys und Peters Bestehen auf einem Dasein, das ihrem Körper und ihren Empfindungen entspricht, führt eine Fluchtlinie bis in die Gegenwart. Denn die in den 1970er Jahren angeeigneten Kategorien «homosexuell», «lesbisch», «schwul» oder «bisexuell» enthielten immer auch Vorstellungen davon, wie heteropatriarchale Vorstellungen von Geschlecht umgedeutet und angeeignet werden können. Auch aktuell werden diese Fragen ausgehandelt und mit neuen Konzepten ergänzt. Menschen beschreiben ihre Sexualität als «queer», «polysexuell», «pansexuell», «asexuell» oder «aromantisch». Und einige überschreiten ein herkömmliches Verständnis von Zweigeschlechtlichkeit, wenn sie sich als «trans», «nicht-binär», «genderfluid» oder «genderqueer» verstehen.

Damit wird auch die Verbindung zwischen Sexualität, Körper und Geschlechtsidentität neu bestimmt. Seit der wissenschaftlichen «Entdeckung» der Homosexualität Ende des 19. Jahrhunderts ist diese ein Dreh- und Angelpunkt moderner Theorien der Sexualität, die immer auch darüber spekulierte, ob und inwiefern homosexuelle Menschen die «falsche» Geschlechtsidentität aufweisen. Judith Butler zeigt, dass zur heteronormativen Vorstellungswelt auch die «monströse Figur» (Butler, 1995, 143) der «maskulinen» Lesbe und des «verweiblichten» Schwulen gehören. Obwohl sie der patriarchalen Geschlechterordnung angeblich widersprechen, stabilisieren sie diese als ihr «konstitutives Aussen». Der Ausschluss queerer Menschen stützt und ermöglicht damit ein gesellschaftliches System, das die heteronormative Sexualität, die Zweigeschlechtlichkeit und die patriarchale Hierarchie zwischen Mann und Frau als natürlich, gesund und richtig bestimmt. Einem solchen Verständnis stellt sich der vielgestaltige Widerstand von Menschen entgegen, die nicht länger als monströs gelten wollen, wenn sie anders lieben und leben. Er verbindet die Figuren aus Ida Ernes Erzählung aus den 1950er Jahren mit der feministischen und der Lesbenbewegung der 1970er Jahre ebenso wie mit aktuellen Auseinandersetzungen um Sexualität und Geschlecht.

Damit birgt Ida Ernes Erzählung ein «intersektionales» Wissen, das sich an der Schnittstelle von Geschlecht und Sexualität aber auch Klasse artikuliert. Wie Madeleine Marti im Nachwort festhält, ist die Autorin direkt nach der Grundschule ins Berufsleben eingestiegen, wo sie, wie die Hauptfigur ihrer Erzählung, lange im Service tätig war. Diese Erfahrungen schlagen sich in ihrem Text nieder, der auch die Situation weiblicher Arbeitskräfte thematisiert. So kommentiert Irene die bürgerliche Arbeitsteilung kritisch, wenn sie die Schönheit der Frauen mit ihren «verarbeiteten Händen» (72) feststellt, und sie mit dem Ausdruck jener Frauen kontrastiert, «die fast jeden Tag aus Langeweile und Nichtstun in den Cafés ihre Zeit totschlagen» (72). Mit der Liebe zu Kathy erwacht in Irene zudem ein kritischer Blick auf ihre eigene Arbeit. Mehr und mehr realisiert sie, dass sie ihr Leben ganz den Interessen des Betriebs unterordnet, der sich trotz seines sozialen Anspruchs als «Geschäft wie jedes andere private Unternehmen» (111) entpuppt. Irene beschliesst zu kündigen: «Hol's der Kuckuck – diese Profithascherei und diese versteckten Machtinteressen» (111). Obwohl sie ökonomisch einen engen Handlungsspielraum hat, will sie ihr Leben nicht länger den engen Vorgaben ihrer Arbeitgeberinnen anpassen und entscheidet sich für den Schritt ins Offene.

Andere Dimensionen der Intersektionalität, die die Schweiz der 1950er Jahre prägen, bleiben hingegen unsichtbar, etwa die Migration von «Saisonniers» aus Südeuropa, die in diesen Jahren ihren Anfang nimmt, oder die Auswirkungen der weltweiten Dekolonisierungsprozesse, die auch das helvetische Selbstverständnis als «weisse» Nation verändern. Beides hat alte Formen des Rassismus transformiert und neue hervorgebracht, welche die Lebensrealitäten lesbischer Frauen of color präg(t)en und in heutigen queeren Kontexten ein vordringliches Thema sind (Rosen und Keller, 2019).

Was lesbische Frauen vielleicht durch die Zeiten verbindet ist die Frage, ob und wie ihr Anderssein auch eine Ressource sein kann. Besonders berührend sind deshalb jene Passagen in dieser Erzählung, an denen neben Schmerz und Widerstand auch Freiheit und Glück aufscheinen. Dazu gehört Irenes Weigerung, mit Kathy in eine hierarchische Beziehung zu treten. Das patriarchale Beziehungsmodell, das der Frau die Sorgearbeit aufbürdet und den Mann davon entbindet, weist sie mit klaren Worten zurück: «Du bist doch nicht mein Mann und ich deine demütig gehorchende Frau» (87). Obwohl sie de facto mit Kathys gesundheitlicher, emotionaler und ökonomischer Abhängigkeit zu kämpfen hat, fordert Irene selbstbewusst eine Freiheit ein, die ihr ein heteronormatives Beziehungsmodell nicht zustehen würde.

Das visionäre Potential des Andersseins zeigt sich besonders in der Dreierbeziehung zwischen Irene, Kathy und Fritzi. Gerade weil die drei Frauen nicht im engen Korsett bürgerlicher Beziehungsideale stecken, suchen sie jenseits rechtlicher Vorgaben und gesellschaftlicher Erwartungen eigene Lösungen für ihre komplexe Situation. Ihr Anderssein, das sie so oft als schmerzhaft erfahren, eröffnet ihnen nun eine Erfahrung lesbischer Freiheit. Leidenschaft, Empathie und gegenseitige Sorge, aber auch Wut, Angst und Eifersucht prägen ihre ungewöhnlichen Aushandlungen. Dies rührt an ein Verständnis queerer Utopien, das José Esteban Muñoz als Insistieren auf etwas Anderem und Besserem beschreibt, das sich immer erst am Horizont abzeichnet (Muñoz, 2009, 189). Queere Utopien bedeuten nicht das definitive Überwinden gesellschaftlicher Normen, sondern das Ausweiten bestehender Spielräume für ein anderes Lieben und Geliebt-Werden. Auch dies ist fraglos ein Thema, das lesbische und queere Politiken der Gegenwart mit den Protagostinnen der vorliegenden Erzählung verbindet.

Patricia Purtschert
Professorin für Geschlechterforschung, Universität Bern

Literaturverzeichnis

Bennett, Judith M.: «'Lesbian-Like' and the Social History of Lesbianisms», in: Journal of the History of Sexuality. 9. 1/2. 2000, S. 1-24.

Butler, Judith: Körper von Gewicht. Die diskursiven Grenzen des Geschlechts. Berlin Verlag, Berlin, 1995.

Caprez, Christina und Yv E. Nay: «Frauenfreundschaften und lesbische Beziehungen: zur Geschichte frauenliebender Frauen im Graubünden», in: Redolf, Silke, Silvia Hofmann und Ursula Jecklin (Hg.): fremde Frau. Frauen- und Geschlechtergeschichte Graubünden. Neue Zürcher Zeitung, Zürich, 2008, S. 229-316.

Dankwa, Serena O.: Knowing Women. Same-Sex Intimacy, Gender, and Identity in Postcolonial Ghana. African Identities Series. Cambridge University Press, Cambridge, 2021.

Kokula, Ilse und Ulrike Böhmer: Die Welt gehört uns doch! Zusammenschluss lesbischer Frauen in der Schweiz der 30er Jahre. eFeF Verlag, Zürich, 1991.

Marti, Madeleine: Hinterlegte Botschaften. Die Darstellung lesbischer Frauen in der deutschsprachigen Literatur seit 1945. J.B. Verlagsbuchhandlung, Stuttgart, 1992.

Mesquita, Sushila: Ban Marriage! Ambivalenzen der Normalisierung aus queer-feministischer Perspektive. Zaglossus, Wien, 2011.

Muñoz, José Esteban: Cruising Utopia. The Then and Here of Queer Futurity. New York University Press, New York, 2009.

Nay, Yv E.: Feeling Family. Affektive Paradoxien der Normalisierung von «Regenbogenfamilien». Zaglossus, Wien, 2017.

Rosen, Romeo Koyote und Jasmine Keller: «Herzwerk», in: Wa Baile, Mohamed, Serena O. Dankwa, Tarek Naguib, Patricia Purtschert und Sarah Schillinger (Hg.): Racial Profiling. Struktureller Rassismus und antirassistischer Widerstand. Transcript-Verlag, Bielefeld, 2019, S. 293-305.

Rufli, Corinne: Seit dieser Nacht war ich wie verzaubert. Frauenliebende Frauen über siebzig erzählen. 4. Aufl., Hier und Jetzt, Zürich, 2015.

Rufli, Corinne, Marianne Meier, Monika Hofmann, Seraina Degen und Jeannine Borer (Hg.): Vorbild und Vorurteil. Lesbische Spitzensportlerinnen erzählen. Hier und Jetzt, Zürich, 2020.

Ida Erne
Anders als die Andern

Die letzten Töne sind verklungen, ein freudiges und begeisterungsvolles Händeklatschen löst die Musik ab. Vorn auf dem Podium, das von allen Seiten beleuchtet wird, steht Kathy, die Kapellmeisterin und Dirigentin. Sie wendet sich dem Publikum zu und dankt mit einem charmanten Lächeln für den Applaus, der nicht enden will. Dieser Applaus gilt auch allen Musikerinnen. Sie erheben sich von ihren Plätzen und freuen sich über die dankbare Anerkennung ihrer Arbeit. «Noch eine Zugabe, bitte», ruft eine Frau aus den ersten Reihen des Konzertpublikums vorn bei der Bühne. «Ja, bitte», rufen auch die andern Gäste. «Los Kinder, wir spielen noch Eines», sagt Kathy, erhebt ihre Arme und dirigiert ein fröhliches Musikstück mit Gesang. «Hoppla, hoppla immer heiter, immer, immer, immer weiter». Darauf folgt ein Refrain, von Kathys dunkler Stimme wiedergegeben. Alles klingt so fröhlich und lustig. Man wird mitgerissen in diese Fröhlichkeit und der hartnäckigste Pessimist muss umgestimmt werden und gutgelaunt nach Hause zurückkehren. Das Händeklatschen will nicht enden. Jetzt aber hat Kathy kein Einsehen mehr. Sie blickt über die Menschenmenge hinweg und sagt ganz ruhig: «Genug!»

    Bald darauf werden einige Lichter ausgelöscht, die Gäste erheben sich und gehen dem Ausgang zu. Nach kurzer Zeit ist der Konzertgarten leer. Die Stühle stehen herum, auf den Tischen stehen verlassen, trostlos, unzählige Tassen und Teller. Die Aschenbecher sind voll von Cigarettenstummeln, Programme liegen verstreut umher. Die piepsenden Spatzen sind schlafen gegangen. Durch die vom Wind leise bewegten Blätter erblickt man ein Stück des von Sternen beleuchteten Abendhimmels.

Während Kathy die Notenblätter einsammelt, brummt sie vor sich her: «Was glauben diese Menschen, wir könnten für sie die ganze Nacht hindurch spielen!» Kathy ist müde, sehr müde. Auch ihre Kolleginnen sind müde, denn schon am Morgen mussten sie zum Frühschoppenkonzert antreten. Am Nachmittag darauf war der Garten bis zum letzten Platz besetzt. Und zum Kuckuck, ausgerechnet heute wollte Kathy vor dem Abendessen die neue «Show» nochmals proben lassen. Es ist so, wenn diese Frau etwas will, dann gibt es keinen Widerspruch, es heisst gehorchen und immer wieder gehorchen. Trotz ihrer oft unmöglichen Ansprüche und Einfälle wird sie von Allen geliebt und verehrt. Sie lieben sie, die Eine ein bisschen mehr, die Andere ein bisschen weniger, denn alle wissen, dass diese eiserne Disziplin sein muss, in der Arbeit und auch ausserhalb der Arbeit, will das schon mehrjährige Unternehmen weiter bestehen und geachtet sein. Tändeleien, Flirts mit den Konzertbesuchern sind verboten. Diese Frauen bleiben immer beisammen im Spiel und auch in ihrer Freizeit. Freizeit gibt es nicht viel, oft wird geprobt, neue Stücke werden einstudiert, eigentlich lebt man nur für die Musik, für die Kunst.

Wenn man als Gast zum ersten Mal dieser Kapelle gegenübersitzt, ist man schockiert, denn alle Musikerinnen tragen tief dekolletierte Abendkleider. Schaut und hört man näher hin, wird man bald eines Besseren belehrt.

Man findet heraus, dass es diesen Musikerinnen nicht nur um anziehende körperliche Reize geht, sondern um ihre Musik, um ihr grosses Können. Jede der Spielerinnen ist eine Solistin und in der Erscheinung eine Schönheit. Ein zweites Mal ist man schockiert, leicht erstaunt in dem Moment, wo Kathy auf das Podium tritt. Als Dirigentin trägt sie männliche Kleidung, einen Smoking mit seidenem Revers, aus feinstem Tuch verarbeitet. Solche Bekleidung lässt sie noch höher oder grösser erscheinen. Das eher männlich anmutende Gesicht ist schmal und hat energische Züge. Die tief eingegrabenen Grübchen in den Wangen, vielleicht ein Zeichen ihres grosszügigen Herzens, nehmen das Allzustrenge weg. Diese Strenge wird auch durch die weichfrisierten Haare gemildert. Das schönste in Kathys Gesicht sind die veilchenblauen Augen. Geheimnisvolle Augen sind das, oft sind sie voll innerem Feuer, unergründlich und lebhaft. Dann wieder sind sie ruhig und klar, wie ein kristallklarer Bergsee. Sie selbst spielt jedes Instrument.

Nach der Konzertpause, wenn der zweite Teil beginnt, setzt sie sich an den Flügel, an die Orgel, oder nimmt das Saxophon, auch hie und da die Trompete und spielt ein Solo. Zur Abwechslung spielt sie mit Fritzi, der ersten Geigerin ein Charakterstück, auch oft die «Serenade von Toselli». Wenn Kathys dunkle melodische Stimme durch den Konzertgarten erklingt, wenn die Lichter gelöscht werden und sie vom Scheinwerferlicht geblendet, mit geschlossenen Augen einen schwermütigen Song am Mikrophon bringt, bleibt alles still und horcht auf diese dunkle, faszinierende Stimme.

Einer der vielen Feriengäste in Luzern ist Irene Hasler. Zufällig ist sie eines Abends in diesen Mathäusergarten gekommen. Als Erstes überraschte sie die Vielfalt der Darbietungen, das disziplinierte Zusammenspiel, und sie staunte, mit welcher Energie diese Musikerinnen von ihrer Dirigentin geführt werden. Abend für Abend sitzt sie nun dort in der Nähe der Bühne und lässt sich von Kathys Erscheinung und Singen faszinieren. Nach dem Konzert kehrt sie jedes Mal innerlich ziemlich aufgewühlt, ruhelos, getrieben von einer starken Leidenschaftlichkeit in ihr Hotel zurück. Vor dem Einschlafen weilen ihre Gedanken noch lange dort und sie fragt sich immer wieder: «Was ist Kathy für eine Frau? Ist sie eine Frau, deren Gefühle normal reagieren, oder ist sie eine Frau, die nur für ihresgleichen empfindet und nur mit ihresgleichen glücklich werden kann?» Irene müsste sich sehr täuschen, wenn dieses Letzte nicht der Fall wäre, denn Vieles spricht dafür. Bezeichnend ist einmal dieser knabenhaft schlanke Körper, ohne jegliche weibliche Formen. Die tiefe, melodische Stimme, die langen und schwerfälligen Schritte, auch die Bewegungen, hauptsächlich wenn Kathy dasteht, ihre linke Hand auf die Hüfte stützt und mit der Rechten den Taktstock führt.

Irene muss diese Frau kennen lernen, denn solche Zuneigung zu einem Menschen hatte sie bis jetzt noch nie gehabt und gefühlt. Was bis jetzt gewesen, waren nur Stückwerke – zusammengefügt aus kindlicher Schwärmerei und Verehrung. Die Gefühle für Kathy sind anders, sie erfassen den ganzen Menschen und rufen nach Erfüllung, nach erfülltem Leben. Anderseits macht sie sich Vorwürfe. Als Gewissenhafte und Verantwortungsbewusste darf sie ihren aparten Neigungen keinen Raum gewähren. Sie appelliert in solchen Momenten an ihre Kraft, an die Geschicklichkeit solcher Situationen Meister zu werden. Sie appelliert an ihren Stolz.

Bald gehen die Ferien dem Ende zu. Noch einmal möchte Irene die herrliche Fahrt auf dem Vierwaldstättersee geniessen. Sie fragt daher den Portier im Entrée ihres Hotels: «Wann fährt am Morgen das Schiff nach Flüelen? Und wie komme ich zurück, damit ich früh am Abend wieder in Luzern sein kann?» Der Portier blättert im Kursbuch nach und sagt: «Ein Schiff fährt um neun Uhr hier von der Schiffstation weg. Die Rückfahrt können Sie um drei – oder auch um fünf Uhr vornehmen. Wünschen Sie geweckt zu werden?» – «Ja, bitte, wecken Sie mich um sieben Uhr. Gute Nacht und vielen Dank!» Früh am Abend wünscht Irene wieder zurück zu sein. Keinesfalls will sie das Abendkonzert verpassen. Sie will und muss Kathy sprechen. Sind nicht auch an diesem Abend Kathys Augen sehr oft zu ihr hingegangen, fragend, staunend, als wollte sie sagen: «Was willst du von mir?»

Auf dem Heimweg zu ihrer Pension fragt Kathy: – «Kannst du mir sagen Fritzi, wer das sein könnte. Ich komme davon nicht los. Jeden Abend sitzt sie da und schaut zu mir herauf. Sie ist so schön, was will sie nur?» – «Von wem sprichst du Kathy?» – «Doch von dieser Frau, für die wir jeden Abend noch eine Zugabe spielen müssen. Ich wette auch heute kam der Wunschzettel von ihr!» Fritzi lacht und sagt: «Ja, was wird es denn sein, doch gewiss eine Verehrerin. Ich frage mich nur, was sie so sehr verehrt, dich oder unsere Musik?» –»Dummheiten», brummt jetzt Kathy. Was wird sie denn so Schönes an mir finden, ich bin doch unmöglich, viel zu gross, viel zu mager und sieh dir nur einmal meine langen Füsse an. Ob das Jemand gefallen kann?» – «Vielleicht eben doch.» Jetzt überlegt Fritzi. Darauf wird sie wütend und sagt: «Höre zu, du! Ich will das nicht. Du gehörst zu mir. Sind wir denn nicht schon viele Jahre miteinander befreundet. Und dann, wer ist es, der immer für dich sorgt? Wer kümmert sich darum, dass du immer deine Ruhe hast. Wer gibt dir das Essen, wenn du es vergisst, und wer wacht über deiner Gesundheit, pflegt dich, wenn du krank und leidend bist?» Immer wütender wird Fritzi, während sie all diese Sachen aufzählt. Ihre Stimme übersteigert sich. «Um Gotteswillen, jetzt aber höre endlich auf. Was denkst du nur, wer spricht denn schon von so etwas. Du bist müde, komm wir wollen schlafen gehen!»

Kathy steckt den Schlüssel in das Schlüsselloch. Mit dem Lift fahren sie hinauf in den vierten Stock. Hier befindet sich ihre Pension, hier wohnen sie immer, wenn sie in dieser Stadt ihr Gastspiel geben. Das Zimmer ist nicht sehr gross, jedoch wohnlich eingerichtet, auch viel gemütlicher als wie oft die kahlen, fremden Hotelzimmer sind. Links in der Ecke bei der Balkontüre steht Kathys Bett. Daneben ist ein kleines Tischchen mit Notenheften und Büchern belegt. Auf dem Bett liegt der schwarze, seidene Pyjama bereit. Rechts des Eingangs hat Fritzi ihr Domizil. Nette kleine persönliche Andenken schmücken das Tischchen und auch die

Wand über dem Bett. Ein hübsches rosa Nachthemd wartet auf seine Besitzerin. In der Mitte des Zimmers, neben der Ständerlampe, steht ein niederer runder Tisch, bedeckt mit einer gehäkelten weissen Decke. Aus dunklem Samt sind die Vorhänge, die am Fenster und an der Balkontüre zugezogen sind. Die beiden altmodischen Fauteuils neben dem Tisch sind ebenfalls mit Samt überzogen. Das Bild, der einzige Wandschmuck ausser Fritzis kleinen Fotos, ist gut gewählt und ein altes wertvolles Stück aus besseren Zeiten der Pensionsinhaberin. Auch die Bodenteppiche sind echt und wertvoll. Kathy entkleidet sich rasch. Den Morgenrock über sich ziehend, schlürft sie in Hauspantoffeln auf den Korridor hinaus und verschwindet im Bad.

Fritzi hat sich in einen der Fauteuils gesetzt. Nervös sammelt sie die abgefallenen Rosenblätter vom Tischtuch weg. «Ob die dunkelroten Rosen, die vor einigen Tagen namenlos für Kathy abgegeben worden sind, wohl von dieser Konzertbesucherin stammen», fragt sie sich jetzt. Seit dem Gespräch auf dem Heimweg ist zwischen ihr und Kathy kein Wort mehr gewechselt worden. Kathy ist beleidigt. Das wiederum ist Fritzi nicht recht. Sie macht sich Vorwürfe, weil sie sich nie beherrschen kann. Immer geht das Temperament mit ihr durch, dann spricht sie Worte, die ihr nachher leidtun. «Ich muss es wieder gut machen» sagt sie sich. Und wie Kathy aus dem Badezimmer kommt, wortlos auf das Bett zugeht und unter die Decke schlüpft, will Fritzi sprechen. Doch Kathys Hand winkt müde ab. «Nein, nein, ich will jetzt nichts mehr hören, ich will nur schlafen, schlafen!»

Nach kurzer Zeit stellt sich Kathy schlafend. Aber sie ist noch lange wach. Quälend, erbarmungslos kreisen die Gedanken in ihrem müden Kopf. Was hat sie denn jetzt wieder angestellt? Kann sie etwas dafür, wenn sie umschwärmt und angebetet wird? Das geht doch allen Künstlern so. Hat sie das nicht nötig? Stärkt es nicht das Selbstbewusstsein, ihre Schaffenskraft und führt es nicht zu neuen Ideen und zu neuem Gestalten. Wie kann sie denn immer Neues schaffen, wenn sie innerlich leer und abgestumpft ist. Woher nähme sie auch die Kraft für diese Unterhaltungsmusik, die gespielt werden muss, die das Publikum wünscht? Immer nur leichte beschwingte Musik muss es sein, dafür wird man auch bezahlt und daran hat man sich schon lange gewöhnt. Klassische Musik, ja, ein bis zwei Stücke, mehr darf es nicht sein. Und wie sehr ist sie für die klassische Musik eingenommen. Jetzt zählt aber nicht, was sie sich wünscht, jetzt zählen die Wünsche der Konzertbesucher und wie am besten die Kassen der allmächtigen Gebieter gefüllt werden. Auch die Schlagerlieder sind nicht immer nach Kathys Geschmack. Oft braucht es eine Überwindung, um diese sinnlosen schmalzigen Worte zu singen. In Gottesnamen, einmal hat man ja diesen Weg gewählt und so muss man ihn auch weitergehen. Kathy geht den selbstgewählten Weg auch weiter, von einem Land ins andere. Von einer Stadt in die andere. Schlafen, arbeiten, arbeiten und schlafen, zwischendurch gibt es nicht vieles, denn die Gesundheit lässt zu wünschen übrig und das Herz will auch nicht mehr recht. Auch die Lunge wurde in letzter Zeit zu stark angestrengt. Und doch, es geht immer wieder, man darf nicht verzagen, noch weniger versagen, man ist nicht nur für sich alleine verantwortlich. Da sind noch etliche, zehn bis zwölf Personen, die ihr Brot haben wollen. Das Unternehmen blüht. Heute reisst man sich um ihre Kapelle. Schade ist nur, dass man durch das lange Werten auf den Erfolg und durch das mühevolle Kämpfen so müde geworden ist, zu müde, um den jetzigen Erfolg geniessen zu können.

Kathys Gedanken gehen immer weiter. Über Fritzis Auftritt lächelt sie jetzt, denn nur zu gut kann sie ihre Freundin verstehen. Aus Eifersucht, nur aus Eifersucht hat sie sich zu diesen harten Worten hinreissen lassen. Dummheiten, wie kann sie nur so denken. Natürlich bleiben sie zusammen, denn wie könnte sie jemals vergessen, wie treu und zuverlässig Fritzi in allen Zeiten gewesen ist. Immer war sie gut, so gut und hat tapfer durchgehalten, auch durch Zeiten, die nicht gesegnet waren. Nur zu oft lösten Not und Entbehrung einander ab. Und auch, was wäre ihre Kapelle ohne Fritzi? Beruflich schon brauchen sie einander. Mit ihr zusammen gründete Kathy das zuerst ganz kleine Unternehmen. Sie schlossen sich zusammen, diese beiden Frauen, gemeinsam ging alles besser. Sie liebten sich. Fritzis hausmütterliches Wesen ergänzte Kathys Typ. Sie wohnten zusammen in den Hotels, in den Pensionen, auf dem Schiff und in der Eisenbahn. Sie wohnten wie ein Ehepaar. Und wie es in einer fünfzehnjährigen Ehe aussieht, so sieht es auch bei ihnen aus. Eine fünfzehnjährige Ehe verpflichtet. Selbstverständlich ist man durch diese Verpflichtung nicht mehr frei. Die Gefühle für Anständigkeit und Verantwortung lassen sich jedoch nicht verleugnen und wiegen mehr als ein bisschen Freiheit.

Die Morgensonne steigt zwischen den Berggipfeln hervor. Sie sendet ihre wärmenden Strahlen über den Vierwaldstättersee und auch über die grünen satten Alpweiden des Bergstockes Rigi, auf den Bürgenstock und das Stanserhorn. Sie strahlt sie aber auch über die Stadt und weckt die schlafenden Menschen mit ihrem Morgengruss. «Hat der Pilatus einen Hut, dann ist das Wetter gut!» heisst es im Volksmund. Der Pilatus hat einen Hut und verspricht einen neuen, prächtigen Sommertag. Der Himmel ist wolkenlos, von tiefblauer Farbe und spiegelt sich im klaren Wasser des Sees.

Irene wird von der Morgensonne geweckt. Durch das weit offen stehende Fenster haben die Sonnenstrahlen leichtes Spiel, die Schläferin aufzuwecken. Sie schlüpft aus ihrem Bett, stellt sich ans Fenster und blickt auf das einzigartige schöne Bild, das sie vor sich hat. Ein Zimmer mit Aussicht auf den See und die Stadt war nicht so leicht zu finden gewesen. Sie hatte Glück gehabt; das Hotel ist gut, erstklassig geführt, und liegt nur zwei Minuten vom Bahnhof entfernt. Irenes Augen schweifen hinüber zu den verschiedenen Museggtürmen, zu den Türmen mit den alten, runden Torbogen und Fenstern. Die alte Stadtmauer, die diese Türme verbindet, all dies ist das Wahrzeichen der Stadt Luzern. Vom Bahnhof aus zieht sich die Seebrücke bis zum Schwanenplatz. Von dort aus geht es der Haldenstrasse und dem Quai entlang. Hier stehen die grossen, modernen Hotels mit ihren prächtigen Parkanlagen, die Hotels, die wie Paläste anmuten. Grossartig anzuschauen sind die Hotels, die steil über dem See gebaut sind. Die Villen grüssen zwischen exotischen Bäumen und Pflanzen hervor. Die beiden Türme der Hofkirche grüssen stolz über die Stadt hinweg. Links vor sich sieht Irene die schmale gedeckte Holzbrücke, die Kapellbrücke genannt. Diese Brücke ist weltbekannt. Während des Tages kann man unzählige Touristen aus allen Herrenländern beobachten, die selbst oder anhand ihrer Reisebücher und Reiseführer versuchen, die Inschriften an der Decke zu entziffern und die Gemälde zu ergründen, die aus der Urschweiz erzählen. Originell sind die Hotels und Restaurants mit ihren Terrassen über dem Wasser an der Reuss gebaut. Weiter nach links, sieht Irene über der Steinbrücke, die zur Altstadt führt, das eigenartig gebaute Hotel Gütsch.

Der Gedanke, die Ferien einmal in Luzern zu verbringen, war gut, gibt es doch im eigenen Land viele Schönheiten, denen man bis jetzt keine oder ganz wenig Beachtung geschenkt hat. Etliche Male hat sie ihre Ferien vor dem Krieg im Ausland verbracht. Wohl sind solche Ferien höchst interessant und lehrreich, aber die Ruhe, deren man unbedingt bedarf, um wieder zu neuen Kräften zu gelangen, findet man nicht bei diesem fortwährenden Umherreisen. Nur zu oft hatte sie dies nachher bei ihrer Arbeit zu spüren bekommen. Auf dem Tisch neben dem Bett klingelt das Telefon. «Es ist schon sieben Uhr, Fräulein Hasler», sagt eine Stimme aus der Rezeption. «Ja, danke schön», antwortet Irene und legt den Hörer auf die Gabel zurück. Sie nimmt das beigefarbene Leinencostume sowie ein dazu passendes kurzärmeliges Blüschen aus dem Schrank. Vorsichtshalber steckt sie noch ein buntes seidenes Halstuch in die Handtasche, für den Fall, dass sie sich damit vor dem Wind auf dem Schiff zu schützen hat. Sie ist nicht so gross wie Kathy, ihre Formen sind rundlicher, weiblich anzusehen. In ihren dunklen Haaren, die zu einem Knoten tief in den Nacken gekämmt sind, zeigen sich schon einzelne graue Fäden. Das Gesicht ist frisch, von der Sonne etwas braungebrannt, sympathisch und mit offenen Zügen. Sie setzt sich zu den anderen Gästen in das Frühstückzimmer. Die Tische sind weiss gedeckt, der Kaffee schmeckt ausgezeichnet. Voll Behagen bestreicht sie die frischen knusperigen Brötchen mit Butter und Honig. Sie freut sich auf die Schifffahrt.

Der grosse Dampfer steht zur Abfahrt bereit. Immer noch kommen neue Gäste dazu. Vom Bahnhof her kommen Buben und Mädchen mit Rucksäcken und Lunchtaschen behängt. Fröhlich jubelnd eilen sie über den Schiffsteg. «Nur sachte, sachte», ruft der Lehrer, der Mühe hat, die wilde Horde zu meistern. Irene setzt sich auf die hintere Plattform. Um sie herum sind viele Touristen und Feriengäste, hauptsächlich Engländer, Holländer und Deutsche. Schulkinder, Bergler in ihrer Tracht ergeben ein buntes fröhliches Bild. Im Schiffsinnern fangen die grossen Maschinen an sich zu bewegen, langsam gleitet der Dampfer vom Ufer weg.

Während Irene vom fahrenden Schiff aus die schöne Gegend betrachtet, liegt Kathy noch in tiefem Schlaf. Fritzi bewegt sich ganz leise. Leise zieht sie sich an, um Kathys Ruhe nicht zu stören, da ihr Gesicht heute Morgen wieder fahl und abgespannt aussieht. An den Schläfen der hohen Stirne treten die blauen Äderchen stark hervor und die Augen liegen tief in ihren Höhlen. «Arme Kathy», denkt jetzt Fritzi, indem sie das blasse Gesicht betrachtet. Sie nimmt sich vor, ihre Freundin noch mehr zu umsorgen. Rauchen, ja, dieses beständige Rauchen sollte sie unterlassen. Auch den starken Kaffee, den sie immer trinkt, will sie ihr abgewöhnen. Milch sollte sie trinken, die ihr und ihrem Herzen guttun würde. Auf Fritzis wohlgemeinte Ratschläge gebärdet sich Kathy wie ein störrisches Pferd und sagt dazu höchstens: «Lass mich in Ruhe mit deinem ewigen Nörgeln. Ich brauche den starken Kaffee. Ich brauche das Rauchen, ich muss diese Dinge haben. Kannst du mich denn nicht verstehen?» Etwas ruhiger geworden spricht sie: «Natürlich hast du recht. Jedoch was willst du, einmal hört das Herz auf zu schlagen. So oder so.» – «Einmal wird es fertig sein mit diesem herrlichen Leben. Oh, wie muss das schön sein, für immer ausruhen zu können. Stell dir das nur vor!» Solche Worte tun Fritzi weh. Sie sagt darauf: «Sprich nicht so, Kathy. Mein Gott, was hast du heute wieder für eine schreckliche Laune. Ich kann das nicht mitanhören!» Und doch kennt sie ihre Freundin. Sie weiss um das Verfliegen der dunklen Stimmung und der wiederkehrenden Lebensfreude in dem Moment, wo Kathy wieder auf der Bühne steht und in der Musik aufgeht.

Hinter der Bühne im Mathäusergarten befindet sich ein fensterloser Raum, der für die Garderobe eingerichtet worden ist. Geheimnisvoll sieht es darin aus. Es riecht nach Parfum, nach getragenen Kleidern, nach Schminke und Puder. An langen hohen Kleiderständern hängen die verschiedenen Roben in vielfältigen Farben und Formen. Wie Soldaten in Reih und Glied stehen die passenden Stiefel darunter. Auf den Toilettentischen sind Döschen, Wattebüschel und Fläschchen. Kathys Kleider haben einen besonderen Platz. Fritzi ist soeben dabei, einen kleinen Flecken aus ihrem Rock zu entfernen. Die langen Hosen spannt sie neu auf den Bügel, sie streicht die Falten zurecht, und wenn diese durch Kathys fahrlässiges Aufhängen aus der Form geraten sind, nimmt sie das Bügeleisen und dämpft mit Liebe diese Beinkleider.

Heute gibt es viel zu tun, denn die passenden Kleider für die neue Show müssen hergerichtet werden. Susanne und Christa helfen ihr dabei. Jetzt fragt Christa: «Fräulein Fritzi, können Sie uns sagen, wo wir im nächsten Monat spielen werden?» – «In Montreux und nachher in Genf», gibt Fritzi zur Antwort. Ob es in diesen Städten auch so schön sei, wie hier in Luzern, möchte Susanne wissen. Bis jetzt waren sie noch nie dort. Diese beiden Musikerinnen sind schon einige Jahre bei der Truppe. Susanne ist Pianistin, beherrscht aber auch das Geigenspiel und hat einen geschulten Mezzosopran. Christa ist Österreicherin, blond und sehr hübsch. Auch sie ist sehr talentiert; es gibt kein Instrument, das sie nicht spielen kann. Auch sie verfügt über eine reine Stimme und kommt aus Wien. «Ihr habt nicht vergessen, Kinder, dass Kathy um zwei Uhr proben will. Wir müssen auf den morgigen Nationalfeiertag einige Stücke einstudieren!» sagt Fritzi zu ihren Kolleginnen. Nein, vergessen haben sie es nicht, nur gehofft, Kathy würde sich anders entscheiden. Bei diesem warmen Wetter wäre es doch auch einmal schön und gemütlich, bis zum Nachmittagskonzert das kühlende Wasser im See zu geniessen.

Es ist bereits Mittag, als Fritzi die Garderobe verlässt und zum Mittagessen geht. In der Vorhalle des Konzertgartens sitzen die Andern schon bei Tisch und warten auf Kathy. «Kathy kommt nicht zum Essen, sie schläft noch. Fangen wir an, Kinder», sagt Fritzi und setzt sich hin. In bunten farbigen Kleidern sitzen sie da. Wie Schmetterlinge sehen sie aus. Holländisch, Englisch und Deutsch wird untereinander gesprochen. Hier neben Christa und Susanne ist Ricke. Sie ist aus Finnland. Françoise – gross und dunkel mit brauner Haut und schneeweissen Zähnen, spielt Trompete und ist Belgierin. Fritzi, Kathy, Antonia, Loes und Aenne sind Holländerinnen.

Der Uhrzeiger steht schon auf halb drei, als Kathy mit langen, etwas lässigen Schritten durch den Garten kommt. Sie trägt ein leichtes graues Costume mit plissiertem Jupe. Eigentlich ist es ein Deux-Pièces mit schmalem und hochgeschlossenem Revers. An ihrem Arm hängt eine Tasche aus schwarzem Leder. Das Gesicht von Kathy ist frisch, nicht mehr fahl und müde wie am Morgen. Sie besitzt ein ausgezeichnetes Talent, mit Rouge und Puder nachzuhelfen und die Spuren von Müdigkeit zu vertuschen. Ihr etwas grosser Mund ist rot nachgefärbt. Froh und gut gelaunt ruft sie Allen zu: «Grüss euch Kinder! Fangen wir gleich an, kommt Alle her zu mir auf die Bühne, es muss doch klappen morgen Abend!» Fritzi fragt etwas besorgt: «Hast du etwas gegessen?» – «Natürlich habe ich etwas gegessen. Im Zimmer sind noch viele Früchte, Kuchen und Tee habe ich von unserer Pensionsmutter verlangt.» Was sind denn das für Lieder, die sie jetzt einüben? Alle Schweizerlieder aus einem Lieder-Potpourri. Jetzt probiert Christa auf Schweizerdeutsch zu singen: «Myn Vatter esch en Appezäller» Kathy singt: «Vo myne Bärge mues i scheide». Natürlich klingt das Alles anders als wie richtig Schweizerdeutsch. Das ist ja auch für die Ausländer eine fast unmögliche Sprache. Diese Lieder auf ihren Instrumenten zu spielen geht schon besser. «Vo Luzern of Wäggis zue», singen alle miteinander.

«Vo Luzern of Wäggis zue», singen auch die Schulkinder auf Irenes Schiff. Die Fahrt ist wunderschön. Eine deutsche Krankenschwester hat sich zu ihr hingesetzt und schwärmt von diesem schönen Schweizerland. «Mein Gott, wissen auch die Schweizer, in was für einem Land sie wohnen. Berge und Seen, schöne Dörfer, schöne Städte und wie gepflegt alles aussieht.» Sie sei das erste Mal in dieser Gegend. Schon lange wünschte sie sich, diese Rundfahrt zu machen. Sie arbeite in einem Nervensanatorium bei Zürich. Ihr Aufenthalt sei leider am nächsten Tag abgelaufen und sie müsse zurück nach Deutschland. Jedoch in einem Jahr werde sie wieder an den gleichen Ort zurückkommen. Schon jetzt würde sie sich darauf freuen. Irene ändert den Plan. Sie fährt nicht bis Flüelen, in Brunnen steigt sie mit der Schwester aus und sie setzen sich auf eine Terrasse am See. Interessant wird die Aussicht auf Strasse und Quai.

Am laufenden Band kommen Autos von Flüelen her aus dem Tessin oder von Italien und parkieren zu einem kurzen Aufenthalt in Brunnen. Andere kommen aus der

Zentralschweiz, fahren in den Süden. Auch sie machen einen Aufenthalt. Sehr viele Touristen stehen auf dem Hauptplatz, bewundern die Aussicht und machen Photos. Die Verkaufsmagazine haben die Souvenirs auf Tischen im Freien ausgebreitet. Ein buntfarbenes Bild bietet dieses rege Leben von der Terrasse aus dar. Nach den grossen Parkhotels hin wird es ruhiger. Die Feriengäste ruhen auf den Liegestühlen oder tummeln sich im kühlen Wasser des Vierwaldstättersees. Ein Schiff kommt wieder von Luzern an und wieder steigen viele Touristen aus.

«Wie schön es hier ist», sagt Schwester Gertrud und fängt an aus ihren Gedanken heraus zu erzählen. Unerklärlich wäre ihr, warum gerade in einem so gesunden und ruhigen Land, das vom Krieg verschont blieb, es so viele nerven- und gemütskranke Menschen gäbe. Bis zu zweihundert würden in ihrem Sanatorium betreut, aber nur Frauen, keine Männer. Natürlich seien viele darunter, die keine ernste Krankheit hätten, sondern nur übermüdet und abgehetzt wären. «Es ist eine Zeitkrankheit», sagt sie weiter. «Wenn die Körperkräfte versagen, so versagen auch die Nerven und das Gemüt. Diese Menschen brauchen dann sehr viel Ruhe.» – «Habt ihr grossen Erfolg?», fragt Irene. «Oh ja, sogar sehr grossen Erfolg. An jedem Tag können Einzelne wieder an ihren Wirkungskreis zurückkehren. Die Frauen verlassen das Sanatorium gestärkt an Leib und Seele.» – «Gestärkt an Leib und Seele», wiederholt Schwester Gertrud noch einmal. Der grosse Erfolg liege hauptsächlich darin, weil neben der Behandlung an Körper und Geist versucht würde, den Patientinnen das verloren gegangene Gottvertrauen wieder neu zu schenken. Sie selbst hätte allerdings eine Abteilung mit Unheilbaren zu betreuen. «Ist das nicht sehr schwer, immer diese kranken Menschen um sich zu haben», erkundigt sich Irene. «Natürlich, eine Leichtigkeit ist es nicht, aber auch daran gewöhnt man sich mit der Zeit.»

«Meine Arbeit ist ganz anders», erzählt nun Irene. «Ein gewisser Sinn liegt auch in meiner Arbeit, und wenn es nur dieser Sinn ist, den Menschen, die auswärts arbeiten und auswärts essen müssen, die Mahlzeiten abzugeben, die gesund sind und ihren Verhältnissen entsprechen. Ich arbeite in einer solchen Gaststätte als Leiterin.» Schwester Gertrud interessiert das sehr. Sie möchte auch wissen, wie es in einem solchen Betrieb zugeht, wie viele Angestellte beschäftigt werden und ob Irene die Verantwortung allein zu tragen habe. Wie viele Menus in einem Tag serviert werden. «Ungefähr fünf- bis sechshundert. Dabei handelt es sich vielfach um billige Essen, teilweise nur auf Tellern angerichtet.» Weiter erklärt sie, dass sie die Verantwortung nicht allein zu tragen habe, da wäre noch eine um etliche Jahre ältere Kollegin, welche die erste Stelle einnehme. «Lieben Sie Ihre Arbeit?», fragt nun Schwester Gertrud. «Ja doch, ich liebe sie sehr. Mit den Jahren wächst man in sie hinein, an die Stosszeiten gewöhnt man sich, auch ist alles sehr gut organisiert. Die Arbeit bietet viel Abwechslung und ist interessant. Es ist eine sehr gute Betätigung für alleinstehende Frauen, die nie heiraten werden.»

Die Schwester schaut bei diesen Worten überrascht auf und sagt: «Nie heiraten werden, wie können sie so etwas sagen. Ich schätze sie nicht viel über dreissig Jahre, zum Heiraten noch früh genug. Und dann sind sie doch eine gesunde und hübsche Frau und werden bestimmt noch ihr eigenes Heim bekommen, wie ich. Leider müssen wir, mein Bräutigam und ich, noch etwas zuwarten, in zwei bis drei Jahren sind wir so weit, um eine eigene Praxis eröffnen zu können. Unsere Eltern und auch wir sind durch den Krieg mittellos geworden, auf fremde Hilfe können wir uns nicht verlassen. So bleibt uns nichts anderes übrig, als zu warten und auf unser gemeinsames Ziel hin zu sparen.» Wie leuchten jetzt ihre Augen, indem sie von ihrem zukünftigen Glück erzählt. Immer stiller wird Irene und mahnt zum Aufbruch. Sie machen noch einen Spaziergang durch den Fremdenkurort Brunnen und gehen anschliessend zum Bahnhof. Bald wird der Zug vom Gotthard einfahren, um seine Reise nach Zürich fortzusetzen. Sie sagen sich auf Wiedersehen in einem Jahr, wenn Schwester Gertrud wieder in die Schweiz zurückkommen wird.

Auf einer Bank am See sitzend, wartet Irene auf das Schiff. Das Gespräch mit der Krankenschwester hat sie sehr nachdenklich gestimmt. Wie doch so selbstverständlich das Heiraten für diese Menschen ist. Wie unmöglich der Gedanke für sie selbst. Sie kann nicht und hatte es noch nie gekonnt. Ihre Gedanken gehen weit zurück, zurück in jene Zeit, wo sie zum ersten Mal die Schmerzen der Liebe erfahren hat. Das Schulkränzchen und zugleich das Abschiedsfest der austretenden Bezirksschulmädchen näherten sich. Warum sich jedes Einzelne so ausserordentlich Mühe gab im Reigen, Theaterspielen und im Gesang, lag darin, weil die Buben aus der Nachbarsgemeinde eingeladen wurden. Unter diesen Knaben befand sich auch Rudolf, der Sohn einer befreundeten Familie von Irenes Eltern. Rudolf besuchte die Bezirksschule und hatte bald seine vier Jahre hinter sich. An diesem Festanlass kam er auf Irene zu und bat freudestrahlend, mit ihr tanzen zu dürfen. «Komm, tanz einmal mit mir. Weisst du», prahlte er an ihrem Ohr. «Ich gehe nächstens in die Sattlerlehre, bald bin ich ausgelernt und dann kauft mir mein Vater ein Geschäft, ein Haus, das auch dir gefallen wird. Willst du auf mich warten?» Das war keine kindliche Bitte mehr. Rudolf war für sein Alter sehr gross und kräftig. Er war eigentlich schon ein Mann. Auch liess ihn der dunkle Schnurrbart älter erscheinen und seine Stimme war bereits gebrochen. «Du grosser Wichtigtuer», musste sie damals denken. «Wenn du nur ahnen könntest, wie mir das alles zuwider ist. Schon wie du meine Hand so festhältst und dein Gesicht so nah über dem meinen ist.» Ein Gefühl von Übelwerden kam über sie. Dasselbe Empfinden hatte sie später, wenn sie von Männern geküsst wurde.

Und dann, endlich war Elsy frei, eine Klassenkameradin von ihr. Sie kam auf Irene zu mit einem spöttischen Lachen und sagte: «Wenn dir so viel daran gelegen ist, mit mir zu tanzen, so komm doch jetzt!» Damals, ja damals hatte es angefangen dieses Etwas, das über alle Massen beglückte, anderseits auch wieder tief erschreckte. Fest hatte sie Elsy in die Arme genommen. Das nach Veilchen duftende Haar, das so hell wie reifendes Korn auf dem Felde war und die Wärme dieses Körpers berauschten sie. «Halt mich nicht so fest, du. Warum bist du so rot im Gesicht?» Elsy riss sich los und rief: «Du bist doch ein unmögliches Ding!» Diese Worte» «Du bist doch ein unmögliches Ding», verfolgten Irene bis in die Nächte hinein. War sie denn so unmöglich, weil sie ihre Schulfreundin mit den blonden Zöpfen und den tiefblauen Augen so sehr liebte? Was hatte sie denn verbrochen? Konnte sie etwas dafür, wenn sie sich immer nach Elsy sehnte? Sie sehnte sich nach ihr während den Ferien, später sogar über den Sonntag, zuletzt bis zum nächsten Morgen, bis zum nächsten Schultag. Was Irene viel Herzeleid verursachte, war das Verhalten ihrer Freundin. Sie verstand es noch nicht, warum Elsy so reagierte und sie vor allen lächerlich machte. Und doch, an jenem Nachmittag nach dem Schulexamen, da wo die ganze Klasse noch einen Schlussbummel machte, blieb Elsy immer an Irenes Seite. Vielleicht tat es ihr nun doch leid, da ihre Wege von jetzt ab auseinander gingen. Beide Mädchen gingen still nebeneinanderher. Dann sagte Irene: «Du gehst jetzt auf das Seminar. Du sollst ja eine glänzende Prüfung abgelegt haben. Gefällt dir dieser Beruf?» – «Vorläufig schon», gab Elsy kleinlaut zur Antwort: «Mein Vater wünscht, dass ich Lehrerin werde. Und was wirst du nun tun.» – «Ich weiss noch nicht, vorläufig bleibe ich zu Hause und helfe im Geschäft mit. Es ist gar nicht so leicht, für mich das Richtige zu finden.»

In späteren Jahren musste Irene oft an diesen gemeinsamen Heimweg zurückdenken. Elsy führte sie an der Hand. Sie waren allein, die Andern blieben etwas zurück. Die beiden Hände klammerten sich immer mehr ineinander. Was Elsy dabei empfunden haben muss, getraute sich Irene nie zu fragen. Kurz nach dem Seminar heiratete Elsy einen ausländischen Architekten und ist Mutter von vier Kindern geworden. Zuerst war dieses Händehalten nur ein harmloses Spiel. Mit jeder festeren Berührung ging aber in Irenes Körper etwas vor, etwas Unfassbares, Rätselhaftes. Ihr ganzer Körper reagierte auf diese Berührung. Elsy wiederholte dieses Spiel, bis Irene nicht mehr weiter konnte und sich auf den nächsten Zaunpfahl hinsetzen musste. «Was hast du, du bist ganz blass. Komm wir müssen weitergehen, die Andern holen uns ein!»

Wie oft musste Irene später weitergehen. Immer musste sie weitergehen, wenn die Liebe und Sehnsucht für eine Mitarbeiterin aufbrachen. Sie durfte nicht, sie durfte nie ihrer Sehnsucht nachgeben. Auch hielt sie eine fast krankhafte Angst vor diesem Lieben zurück. War es da noch zu verwundern, wenn sie von allen Andern als stolz und egozentrisch beurteilt wurde. Es musste einmal zu einem körperlichen und seelischen Zusammenbruch kommen. Dank dieses Zusammenbruchs lernte Irene eine Ärztin kennen, die ihr für einige Jahre mütterliche Freundin und Beraterin wurde. Als Seelenärztin versuchte sie zuerst Irenes abwegige Art in die normale Bahn einzuleiten. «Du bist nicht so», sagte sie immer. «Du bist eine Frau wie jede andere. Glaube es mir, deine Sehnsucht, dein Verlangen nach einer Frau muss auf deine lieblose Jugend zurückführen. Deine Eltern waren nie glücklich. Der Hunger nach Zärtlichkeit, nach Liebe rührt daher, weil du all dies schon als Kind entbehren musstest. Stell dir vor, jedes Kind will geliebt sein und hauptsächlich von seiner Mutter, und du lieber Gott, du sagtest doch, du könntest dich nicht an die kleinste Zärtlichkeit von ihr erinnern. Fragst du jetzt noch, warum du so bist? Genauso verhält es sich mit der Einstellung zum Mann. Du konntest deinen Vater nie lieben, im Gegenteil, du hasstest ihn. Entschuldige, wenn ich das so krass ausdrücke. Diesen Hass hast du unbewusst ins Leben hinausgenommen und überträgst ihn auf das ganze männliche Geschlecht. Nein, nein, ich gebe es nicht auf, du wirst noch lieben lernen, heiraten und eine glückliche Frau werden.»

Angesteckt von solchen Worten glaubte Irene zuletzt selbst an eine Wandlung in ihr. Und seit sie einmal in diesem Chaos nicht weiterleben wollte, versuchte sie, den Männern näher zu kommen. Sie ging mit ihnen aus, freundete sich an und wurde begehrt. Es war nicht nur die äussere Erscheinung, die sie begehrt machte, sehr oft spornte ihre Zurückhaltung und leise Abwehr die Männer noch mehr an. Auch war sie arbeitsfreudig und hatte die besten Eigenschaften zu einer tüchtigen Geschäftsfrau. Mit Jules ging sie öfters aus, und zwar so oft, dass der junge Mann ohne weiteres annehmen konnte, ihre Sympathie wäre nicht oberflächlich, und sich grosse Hoffnungen machte. «Hast du es nicht gern, wenn man dich küsst?» fragte er einmal erschreckt, und tief beleidigt liess er von seinen Liebkosungen ab. «Ich kann nicht», sagte Irenes Herz. «Du musst», sagte ihr der Verstand. Und abermals liess sie sich küssen, bis sie ihre Ohnmacht einsehen musste und traurig nach Hause ging.

Mit der Zeit musste auch ihre mütterliche Freundin,

die Seelenärztin, diese Ohnmacht einsehen. Sie drängte nicht mehr weiter. Zusammen suchten sie das Rüstzeug, das Irene mit in das Leben erhalten hat, um über alles hinweg ein glücklicher Mensch zu werden. Es war nicht leicht. Stufe um Stufe musste erklommen werden und wie oft fiel man wieder zurück, zurück zur Mut- und Ausweglosigkeit. Ein grosser Helfer zu diesem Herauswachsen aus der Dunkelheit wurde ein neu geschenktes Gottvertrauen. In Irenes Dasein gab es wieder hellere Tage, ihr Herz und ihre Seele öffneten sich, und sie begann zu leben, zu leben, nachdem sie endlich ein kräftiges «Ja» zu sich selbst gesagt hatte.

Immer wieder, von Zeit zu Zeit kommt trotz diesem Bejahen das Dunkle, eine leise Schwermut über ihr Gemüt, so auch jetzt, nachdem Schwester Gertrud weggefahren ist. Ob sich die Schwester auch so nett und freundschaftlich unterhalten hätte, wüsste sie um ihre Veranlagung? Ein ausgezeichnetes Talent hat sich Irene mit der Zeit angeeignet, um den inneren Menschen zu tarnen. Sie ist vorsichtig geworden, sehr vorsichtig. Ein eigenartiges Gefühl steigt jetzt in ihr in diesem Moment auf, wo sie an Kathy denken muss. Was wohl ihre Vorgesetzten und Kolleginnen sagen würden, wüssten sie um die Gedanken und um das sehnsüchtige Verlangen, das sie jeden Abend in den Konzertgarten treibt. Sie, gerade sie, die immer auf der Hut ist, intimere Freundschaften unter den Angestellten nicht aufkommen zu lassen. Und doch können ihre Mitarbeiterinnen an leitender Stelle mit noch so tadellosem und makellosem Gewande dastehen, dabei sehr selbstgerecht sein und ihre innere Verbitterung nie zugeben, sie selbst will und mag das nicht. Wenigstens in ihrem Privatleben möchte sie einmal die stets straff gehaltenen Zügel etwas lockern, wie jetzt in ihren Ferientagen.

Noch schöner als die Hinfahrt nach Brunnen ist die Rückfahrt. Noch scheint die Sonne, der Wind hat nachgelassen. Wie ein stolzer Schwan gleitet das Schiff dahin. Im oberen Teil hat Irene Platz genommen, frei ist die Aussicht und die Berge sind ergreifend nahe. An vielen Stationen hält das Schiff an, so auch in Beckenried, Buochs und Ennetbürgen. Die aus dem Kurgarten von Vitznau ertönende Musik ergibt eine nette Abwechslung, bis die Fahrt wieder weiter geht. Weggis, Hertenstein und Kehrsiten sind die Stationen, von denen viele Touristen mitgenommen werden. Ein grosser Teil kommt von der Rigi und vom Bürgenstock. Luzern grüsst von weitem. Immer grösser und höher erscheint die Wasserfontäne im Garten vor dem Kunsthaus. Die Schiffsirene übertönt wieder für einen Moment das Plaudern der Fahrgäste. Die Seile werden losgelöst und über Bord geworfen. Über die rasch ausgefahrene Brücke verlassen die Fahrgäste das Schiff. Die schöne Fahrt ist zu Ende.

Das erste und zweite Konzertstück ist schon verklungen. Irenes Platz bleibt immer noch leer. Schon einige Male hat Kathy dorthin geschaut, mit ihr auch Fritzi. Kurz vor dem Konzertbeginn hat Fritzi noch einmal das Gespräch des vorhergehenden Abends erwähnt. Kathy greift energisch ein und sagt: «Mein Gott, Fritzi, jetzt aber Schluss damit. Ich lasse mir von Niemand befehlen, was ich tun soll oder nicht. Auch von dir nicht. Immer noch bin ich mein eigener Herr. Ja, ja, das bin ich!»

Irene kommt durch den Garten geschritten. Automatisch strebt sie zu dem bekannten Platz vorn an der Bühne. Kathy hat soeben mit dem Dirigieren der Ouvertüre aus «Orpheus in der Unterwelt» begonnen. Durch Fritzis Reaktion weiss sie nun, dass Irene gekommen ist. Noch mehr Mühe gibt sie sich bei diesem Stück und ist selbst von der Musik hingerissen. Bis in die feinsten Nuancen lässt sie die Töne erklingen und gestaltet das Ganze zu einer wundervollen Harmonie. «Nicht zu laut», sagt ihr kleiner Finger zum Flügel hin. Lauter soll jetzt die Posaune klingen, das Cello soll sich mehr hervortun. «Ricke, was fällt dir ein? Zurück mit deinem Schlagzeug, nicht zu laut!» Jetzt der letzte Satz. «Kommt, meine Kinder, kommt und steigt heran, bringt aus euren Instrumenten all die Töne, die der Schöpfer damit gemeint hat!» Nun ist es gut, Gott sei Dank. Kathy streicht sich über die mit Schweiss bedeckte Stirne. Sie ist wie aus einem Traum erwacht. Ihre Arbeit wird belohnt, das Händeklatschen will nicht enden. Immer wieder neigt sie sich dem Publikum zu. Erst jetzt gehen Kathys Augen hinüber zu Irene und grüssen vertraulich.

Fritzi verfolgt dieses Grüssen, gross schaut sie zu Kathy auf. Diese lächelt nur, als wollte sie sagen: «Dumme Fritzi, reg dich nicht auf, es Ist doch nichts dabei!» Es ist doch nichts dabei, natürlich ist etwas dabei. Irene ist überglücklich über diese kleine Aufmerksamkeit. Endlich, endlich hat Kathy ihr stilles Werben wahrgenommen. Es gibt einen frohen und gemütlichen Abend. Musik, Gesang und Spiel lösen einander ab. Kathy hat sich nun angewöhnt, hie und da dorthin zu blicken, wo Irene ihren

Platz hat. Sie singt ein Lied aus dem Film «Limelight». Wieder werden einige Lichter ausgelöscht, und wieder schliesst sie die Augen, weil sie vom Scheinwerferlicht geblendet wird. Umso inniger ertönt ihre dunkle Stimme durch den Garten. Noch einige weitere Lieder singt Kathy an diesem Abend. Eines davon: «Ich bin verliebt.» Ist es wirklich so, oder bildet Irene sich das nur ein, dieses Lied sei für sie gesungen worden. Es ist schon so, überraschend hat Kathy wieder einmal dieses Lied gewählt, dieses Lied, das ihr doch in letzter Zeit so recht verhasst geworden ist. «Ich bin verliebt», diese Worte sind ein Bekenntnis, hauptsächlich für Fritzi. Kathy hat darauf nur ein verstecktes Achselzucken, als wollte sie sagen: «Ja, es ist so, ich bin verliebt, finde dich damit ab.»

Bald geht es gegen Mitternacht. Auf den Strassen promenieren noch viele Menschen; niemand will nach Hause gehen oder in die Hotels zurückkehren, denn die Kühle des Abends ist angenehm erfrischend nach diesem heissen Sommertag. Irene wartet am Ausgang des Konzertgartens. Sie geht dort auf und ab. Eigentlich weiss sie nicht, warum sie dort wartet, sie weiss nur, dass sie das tun muss. Fritzi und Kathy kommen daher, sie sprechen zusammen. Irene sieht, wie Kathy die Schlüssel überreicht. Dabei sagt sie zu Fritzi: «Entschuldige, ich habe noch etwas zu besorgen. Geh einmal hinauf, ich folge gleich nach. Warte auf mich!»

Von Fritzi weg kommt sie auf Irene zu und spricht nur diese Worte: «Endlich treffen wir uns.» Ihre langen schmalen Finger liegen um Irenes Hand, umfassen diese mit festem Druck. «Kommen Sie, wir gehen ein Stück dem See entlang!» Kathy geht links neben Irene, sie trägt wie immer dieses dunkelgraue Kleid mit plissiertem Jupe. Für Irene ist es etwas mühsam, sich den langen lässigen Schritten anzupassen. Hinter dem Kunsthaus bleiben sie stehen. Am Ufer ist es still, nur das Gurgeln des Wassers ist hörbar. Sie stehen dort, die Arme auf die Mauer gestützt und schauen hinüber zu den vielen Lichtern am anderen Ufer. Wie dunkle Schatten ragen die Berge über dem Wasser. Jetzt kommen Irenes Worte tief aus dem Herzen gesprochen: «Kathy, Kathy, ich liebe Sie. Ich liebe Sie vom ersten Moment an, wo ich Sie gesehen habe. Kathy, bitte, können Sie das verstehen?» Kathy spricht kein Wort, jedoch ergreifen ihre langen schmalen Finger wieder Irenes Hand, erfassen diese fest und lassen sie nicht mehr los. Nach einigem Nachdenken kommen ihre Worte: «Weisst du, was du tust. Weisst du, was solche Liebe ist? Und weisst du auch, wie solche Liebe von anderen Menschen verurteilt wird? Weisst du wirklich, was du tust, wie ist dein Name?» – «Irene». Oh, wie sie das ausspricht mit diesem Tonfall, der ihre Herkunft nicht verleugnen lässt. «Irene, ja sag einmal, was wollen wir jetzt tun?» – «Ich wohne drüben im Hotel, gleich neben dem Bahnhof. Komm zu mir Kathy, oh bitte komm zu mir!» Kathy blickt überrascht auf und sagt: «Mein Gott, Kind, du machst es mir nicht leicht, immerhin habe ich doch meine Verpflichtungen. Liebes Kind, ich habe schon gelebt, bevor du gekommen bist!» – «Bitte, bitte Kathy, komm zu mir!», bettelt Irene weiter. Kathy ist still geworden, sie überlegt. Irene wartet und fragt dann wieder mit leiser eindringlicher Stimme: «Kommst du?» –

«Ja, ich komme, vorerst muss ich aber in meine Pension hinauf, um meine Leute zu orientieren. Warte hier auf mich!» Kathy ist gegangen.

«Kommt sie zurück oder kommt sie nicht zurück», sind jetzt die fragenden Gedanken Irenes. Sie setzt sich auf eine Bank und wartet. Ordentlich lange muss Irene warten. Sie ahnt so etwas, wie wenn Kathy irgendwie gebunden wäre. Dann geht sie rücksichtslos darüber hinweg und sagt sich: «Warum soll sie nur ihr gehören? Diese Kollegin soll nicht so egoistisch sein. Solche Frauen, die auf diese Art zusammengehören wie wir, gibt es nicht viele. Ich will auch meinen Anteil haben am Glück. Und sollte es nicht anders möglich sein, so bin ich bereit, es Andern wegzustehlen.»

«Du sollst nicht so egoistisch sein», sagt auch Kathy in diesem Moment zu Fritzi, die nicht begreifen kann, warum ihre Freundin noch einmal weggehen will. «Ich muss hingehen, Fritzi. Bitte lass mich dieses eine Mal hingehen. Ich komme wieder zu dir zurück. Ich kann nichts dagegen tun. Und denk ein bisschen an jene Menschen, die einsam und liebeleer durch das Leben gehen müssen.» Fritzi gibt sich geschlagen. Was sie jetzt noch auf Kathys Bitten antworten kann, ist: «Ja, wenn du glaubst, dass du das tun musst. Ich halte dich nicht zurück. Geh, geh nur zu ihr!» – «Nicht böse sein, Fritzi, bitte nicht böse sein.»

Kathy kommt über den Weg gelaufen. Man sieht, es ist ihr nicht wohl bei diesem Handeln. «Es soll dich nicht gereuen, es soll dich in keiner Weise gereuen, das schwöre ich dir!» Beglückt sagt das Irene an Kathys Seite, während

47

sie gemeinsam zum Hotel gehen. Vom nahen Kirchturm schlägt es zwölf Uhr. Auf den Strassen ist es ruhiger geworden, die Strassenbahnen fahren in ihre Depots und die Feriengäste haben ihre Hotels aufgesucht.

Die Türe von Irenes Hotel ist noch offen. Der Nachtportier muss irgendwo beschäftigt sein. Sie nimmt selbst den Schlüssel vom Schlüsselbrett und ist froh, keinem Menschen zu begegnen. Sie ist froh, hauptsächlich schon wegen Kathy. Von allen Mitgliedern der Truppe verlangt Kathy ein gesittetes und korrektes Verhalten. Wohin würde das führen, wenn es anders wäre? Aus diesem Grunde darf auch sie nicht den Eindruck eines abenteuerlichen Menschen erwecken. Leise, ohne zu sprechen, gehen sie hinauf in Irenes Zimmer. Warum tun sie es so leise? Warum flüchten sie vor den Hotelgästen? Haben denn diese Frauen nicht auch ein Recht auf Liebe? Ist ein solch verstecktes Verhalten nicht erniedrigend und beschämend? Kann diese Liebe zueinander nicht edler und reiner sein, als wie sie nur zu oft zwischen Mann und Frau gelebt wird?

Irene dreht das Licht an, löscht es aber sofort wieder aus. Es blendet ihre Augen. Auch ist Kathy zum offenen Fenster hingegangen, steht dort und schaut in die sternenklare Nacht hinaus. Jetzt zündet sie sich eine Cigarette an; ihre Hände zittern dabei. Wie Irene anfängt, ihre Kleider Stück um Stück auf den bereit gestellten Stuhl zu legen, schaut Kathy kein einziges Mal zurück. Angst liegt in der Luft, auch in den beiden Frauenherzen. Angst vor sich selbst und vor dem, was kommen wird. Irenes grosse Liebe besiegt diese Angst. Auf blossen Füssen geht sie zu Kathy hin und flüstert wieder diese Worte: «Komm zu mir, oh bitte komm, zu mir, du sollst es in keiner Weise bereuen.» Und wie im Traum beginnt Kathy sich zu entkleiden. Unter ihrem leichtwollenen grauen Kleid trägt sie nur ein paar schwarze Satinslips und einen Büstenhalter in gleicher Farbe. Die Formen ihrer Brüste sind nur angetönt, wie bei einem Kinde. Auch wie im Traum legt sich Kathy an Irenes Seite. Sie erwacht erst aus diesem Traumzustand, als Irene anfängt, ihre Hände und Arme zu streicheln. Diese langen beseelten Künstlerhände, die sie besonders liebt, sind ganz kalt und steif geworden. «Kathy, Kathy, ich bin so glücklich, dass du zu mir gekommen bist!» – «Mein Gott, Kind, ich bin ja auch glücklich. Wie schön du bist. Deine Augen sind voll Glanz. Deine Arme, deine Schultern, wie wohlgeformt sie sind. Komm, lass sie mich fühlen!» Wie ein Hauch, erfüllt von innerer Zärtlichkeit, fahren Kathys Fingerspitzen über Irenes Arme und Schultern, berühren die festen Brüste, umkreisen sie sanft. Dann nimmt sie Irenes Gesicht in beide Hände, zieht es zu sich heran, so nahe, bis sich ihre Lippen berühren. «Kind, Kind», sagt sie immer wieder mit ihrer dunklen Stimme und erschreckt fast, als sie konstatieren muss, wie sehr Irene auf ihre Zärtlichkeiten reagiert. Irene greift begierig nach Kathys Händen, um sie mit heissen Küssen zu bedecken.» – «Du, du, du willst, dass ich dich glücklich mache. Du sollst auch glücklich sein!», sagt nun Kathy, durch Irene angesteckt, mit heiser erregter Stimme.

Eingebettet in Kathys Armen erfährt Irene das grosse Glück, nachdem sie sich bewusst oder unbewusst während all der vielen Jahre hindurch gesehnt hat. Sie erlebt zum ersten Mal die ganze Hingabe, das Verschenken des liebenden Menschen an das «Du». Und erlebt zum ersten Mal dieses körperliche und seelische Entspannen. Von weitem hört sie Kathys Stimme an ihrem Ohr: «Liebling, sei nun ganz vernünftig, ich muss jetzt weg. Warum ich jetzt schon weg muss, das werde ich dir nachher erklären, vielleicht schon Morgen, wenn du wieder auf mich wartest. Ich hoffe nur, dass ich hier herauskomme, ohne dass mich jemand sieht!» Sie beugt sich noch einmal zu Irene hinunter und sagt ganz leise: «Schlaf gut und vielen Dank, du hast mich sehr glücklich gemacht!» Kathy schleicht sich aus der Türe. Irene ist zu müde und zu glücklich, um länger darüber nachzudenken, warum Kathy jetzt schon weg muss. Halb im Schlaf murmelt sie: «Ja, ja, sie wird wohl ihre Gründe haben.»

Dass Kathy ihre Gründe hat, erfährt Irene am folgenden Tag. Kaum hat sie sich hingesetzt, sieht sie Fritzis wütende Augen auf sich gerichtet. Kathy grüsst mit einem lieben zärtlichen Lächeln. «Habe ich doch etwas getan, was ich nicht hätte tun dürfen», fragt sie sich über Fritzis herausfordernde Blicke. Das könnte mir leidtun. Oder nein, warum denn? Und wieder kommen die trotzigen Gedanken, wie am Abend, da sie auf Kathy gewartet hat. «Diese Kollegin soll nicht so egoistisch sein. Soll die Liebe nur Einzelnen gehören, Jahre hindurch, Liebe, die dann so selbstverständlich hingenommen wird, zur Gewohnheit degradiert. Schade um solche Liebe, wenn sie fast keine Nahrung mehr hat. Nein, nein, Kathy gehört auch mir!»

Beim nächsten Zusammensein sprechen sie darüber. Kathy sagt mit offener Ehrlichkeit: «Ja mein Kind, ich gehöre auch dir. Ich habe dich lieb, sehr lieb, du bist eine wundervolle Frau und machst mich glücklich. Doch sei vernünftig, diese Liebe muss mit Fritzi geteilt werden. Sie hat ein grösseres Anrecht darauf. Schon fünfzehn Jahre sind wir beieinander, immer war sie gut, so gut. Verstehe mich, es kann nicht anders sein!» Irene antwortet auf Kathys wohlgemeinte Worte: «In zwei Tagen sind meine Ferien zu Ende und ich fahre wieder weg. Auch du verlässt Luzern und kommst erst im Winter wieder für kurze Zeit zurück. So lange wird Fritzi immer an deiner Seite sein. Wie beneide ich doch diese Frau!» Nach einiger Zeit aber sagt Kathy ganz aufgeregt: «Wir müssen uns wieder treffen, so wie jetzt. Irgendwo in Zürich werden wir uns wieder finden, versprich es mir. Und bist du nun zufrieden?» Jetzt lächelt Irene resigniert, was etwas an Verbitterung grenzt und sagt: «Mein Leben besteht aus lauter Brosamen, die ich auflese oder den anderen wegstehle. Natürlich ist es meine Schuld, wenn ich immer so einsam sein muss, ich kann und darf meinen Wünschen nie nachkommen. Meine Stellung verpflichtet. Ich liebe meine Arbeit, so ohne weiteres möchte ich sie nicht auf das Spiel setzen. Doch für dich Kathy könnte ich alles tun!» – «Irene, weisst du, was du sprichst? Würdest du mit mir gehen, wenn es sein müsste?» – «Heute schon», gibt Irene zu. «Und Morgen, ach Kind, Morgen wird Alles ganz anders sein, es würde dich ewig reuen, so etwas zu tun.»

Der neue Tag ist erwacht. Der Wettergott meint es immer noch gut. Schon am frühen Morgen scheint wieder die Sonne, der Himmel ist wolkenlos blau bis auf den dünnen Schleier um die Pilatusspitze. Munter schwimmen die Entchen mit ihrer Mutter umher. Die Schwäne, stolz und selbstbewusst, beginnen mit ihrer Morgentoilette. Sie spreizen ihre Flügel, mit Grazie putzen sie das Gefieder und tauchen die langen Hälse bis tief ins Wasser hinein. Aus dem Hotel kommt Irene. Sie hat sich vorgenommen, einige Einkäufe zu machen und um zehn Uhr will sie Kathy auf der Schwanenterasse treffen.

Ist es Zufall oder ist es Absicht, plötzlich läuft Fritzi über den Weg. Dummheit, jetzt umzukehren. Seit wann ist sie denn feige? Sie will weiter gehen, nun aber kommt Fritzi hinter ihr her. «Was will sie von mir?», fragt sie sich ärgerlich. In diesem Moment aber, wo Irene Fritzis verzweifeltes Gesicht vor sich hat, verfliegt der Ärger. «Ach nein, ich nehme Ihnen Kathy nicht weg. Sie ist und wird immer bei Ihnen bleiben. Beruhigen Sie sich, denn was zwischen uns gewesen, ist eine harmlose Sache, nicht der Rede wert. Es ist ein kleiner Ferienflirt, nichts anderes und absolut kein Grund zur Beunruhigung!» Irene will weiter lügen. Da fällt ihr Fritzi ins Wort und sagt: «Harmlos sagen Sie dem. Ich kenne Kathy besser und weiss, wie es in ihr aussieht. Sie ist ganz anders, wie ausgewechselt!» – «Wie anders?», will Irene wissen. «Ja, wie kann ich das erklären? Sie ist viel, viel fröhlicher und einfach glücklich.» – «Aber um Himmelswillen, warum soll Kathy denn nicht fröhlich sein, ist das ein Fehler oder ein Verbrechen? Gönnen Sie ihr doch diese Freude!» Eigentümlich ist Irene zu Mute, wie eine Bettlerin kommt sie sich vor, aller Stolz ist weg, weinen könnte sie, ihre Stimme zittert, als sie sagt: «Können Sie ahnen,

Fräulein Fritzi, wie es einem Mensch sein muss, immer abseits zu stehen, immer einsam zu sein, auf Alles verzichten zu müssen, nach Liebe zu hungern und zu dürsten? Volle fünfzehn Jahre sind Sie mit Kathy zusammen. Das sind viele Jahre des Glücks und des gegenseitigen Verstehens, ausgefüllt mit Zärtlichkeit und Liebe. Was wollen Sie noch mehr?» Und dann, nach einigen Minuten Stillschweigen sagt Irene noch: «Glauben Sie mir, diese paar Stunden mit Kathy zusammen haben mich für mein ganzes bisheriges einsames Leben entschädigt und ausgesöhnt. Verstehen sie mich jetzt?» – «Ich will versuchen Alles zu verstehen!» – «Ja bitte, tun Sie das!»

Im hintersten Perron des Luzerner Bahnhofes steht die Brünigbahn zur Abfahrt bereit. Schon gibt der Bahnhofvorstand das Zeichen zum Wegfahren. Im letzten Moment kommt Irene mit raschen Schritten daher, stösst die Wagentüre auf, um im Innern des Wagens zu verschwinden. Ausgerüstet mit Bergschuhen, Sportjupe und Bluse setzt sie sich in die frei gebliebene Ecke am Fenster. Erst jetzt, nachdem der Zug dem Vierwaldstättersee entlang fährt gegen Hergiswil zu, wird sie etwas ruhiger und die angespannten Nerven entspannen sich. Nach der Aussprache mit Fritzi ist sie in das Hotel zurückgegangen. Sie wollte weg aus der Stadt, irgend auf einen Berg, damit sie wieder zu sich selbst, zu ihrer Ruhe kommen kann. Beim Oberkellner hat sie das Mittagessen abbestellt und versucht, den Lunch zu erhalten. In Eile hat sie sich umgekleidet und ist zum Bahnhof gegangen.

«Hergiswil», ruft der Schaffner, das ist der Ort, den Irene sich ausgesucht hat. Wieder einmal zieht es sie hinauf zum Pilatus. Der Berggipfel wird nicht mehr zu erreichen sein, das weiss sie wohl, dafür hätte sie mindestens um drei Stunden früher sein sollen. Die Lunchtasche über die Schulter gehängt, geht sie vom Bahnhof weg ein Stück dem Friedhof entlang. Von hier aus führt ein schmaler Weg zum Roggerli und dann etwas steiler hinauf gegen den Pilatus. Beim Roggerli, diesem kleinen Familienhotel, macht sie einen Halt, setzt sich auf die Bank und überblickt die Gegend, die einmalig in ihrer Schönheit zu ihren Füssen liegt. Nicht übertrieben, ist dieses schmucke Dorf, eines der schönsten, die es gibt. Hergiswil ist ein Kurort am Fusse des Pilatus, bekannt durch die ruhige Lage am Vierwaldstättersee. Die Hotels sind in letzter Zeit renoviert und modernisiert worden. Die Wege, die oberhalb des Dorfes durch grüne Weiden und Obstbäume führen, bieten dem Kurgast Gelegenheit zu wohltuenden Spaziergängen. Was aber diesen Ort an Schönheit speziell auszeichnet, sind die modernen Villen und Chalets, die aus dem Grünen heraus ein schönes Bild von Gepflegtheit und Wohlhabenheit darstellen.

Gegenüber von Hergiswil grüssen der Bürgenstock und die Rigi. Ruhig, massiv ragen sie über dem Wasser. Im Strandbad von Stansstad tummeln sich viele Badegäste. Kleine Schiffe treiben umher. Rechts beim Ausgang von Hergiswil zieht sich schlangenmässig die Strasse zwischen See und Lopper entlang, die Strasse, die nach Stans und Engelberg führt einerseits und andererseits aber auch die wichtige Verbindung über den Brünig, Interlaken und Thun herstellt. Die Schneeberge schauen von der Sonne goldgelb beleuchtet hervor. Eigenartig ist die

Sprache der einheimischen Bewohner von Hergiswil. Obwohl das Dorf fast an Luzern angeschlossen ist, spricht man hier die typische Sprache der Innerschweizer. Sie ist mit ihrer etwas singenden Betonung derjenigen der Glarner und Walliser ähnlich. Der knorrige Typ der Bauern gleicht dem der Urschweizer. Ihre Höfe und Ställe liegen meistens über dem Dorf am Bergeshang. Sie haben es nicht leicht, diese Bauern; mühsam ist das Bebauen der Äcker und Wiesen.

Irene ist weitergeschritten. Sie steigt den schmalen, steinigen Weg hinauf. Er führt durch Weiden und kleine Kartoffeläcker. Das Glockengeläute der weidenden Kühe und Rinder klingt wie Musik in ihren Ohren. Welche Ruhe hier herrscht, welch' göttliche Ruhe. Es ist warm geworden. Schweisstropfen stehen auf der Stirne, die Bluse wird zu eng, zwei, drei Knöpfe macht sie auf, um besser atmen zu können. Die Strümpfe werden von den Bändern gelöst. Die warme Sonne scheint auf die braungebrannte Haut der Arme und Beine. Stufe um Stufe geht es weiter hinaus. Irene atmet die gute Luft ein. Es riecht nach Gras, Blumen und Erde.

Beim Hotel Schwanen auf der Terrasse sitzt Kathy und wartet. Sie wartet schon eine Stunde und Irene kommt nicht. Warum kommt sie nicht, sie hatten sich doch verabredet. Das ist nicht Irenes Art, einen ohne Nachricht sitzen zu lassen. Es muss etwas passiert sein. Kathy ist nervös. Eine Cigarette um die andere zerdrückt sie im Aschenbecher. Ihre Hände zittern wieder. Jetzt hält sie das Warten nicht mehr aus. Sie geht zum Telefon und stellt die Nummer ein. «Fräulein Hasler ist nicht hier. Sie soll in das Hotel zurückgekommen sein und den Lunch mitgenommen haben!» – «Hat sie denn keine Nachricht hinterlassen?», fragt jetzt Kathy. «Nein, man weiss von nichts.», gibt das Bürofräulein zur Antwort. Kathy geht an den Tisch zurück. Ihre Bestürzung kann niemand sehen. Sie trägt wie immer, wenn sie ausgeht, eine dunkle Brille mit grossen Gläsern. «Da muss etwas passiert sein», sagt sie sich abermals und plötzlich kommt ihr der Gedanke an Fritzi. Das kann nur Fritzi sein. «Ober, bezahlen!» Sie legt das verlangte Geldstück hin, erhebt sich und geht zum Mathäusergarten.

Wie erwartet, findet sie Fritzi in der Garderobe. Überrascht schaut diese auf und fragt: «Du bist schon hier, ich glaubte, du würdest gar nicht aufstehen und erst zum Nachmittagskonzert erscheinen. Warum bist du schon hier?» – «Frag mich nicht so scheinheilig», gibt Kathy zur Antwort und geht auf Fritzi zu, hält mit kräftigen Händen ihren Arm fest. «Lass doch, du tust mir weh!» – «Zum Teufel noch einmal, jetzt sprich die Wahrheit. Hast du heute Morgen Irene getroffen? Was habt ihr zusammen gesprochen, ich will das wissen!» Fritzi entwindet sich Kathys hartem Griff, setzt sich hin und sagt ganz ruhig: «Komm her zu mir, ich will dir alles erzählen.» Sie hat eingesehen, dass es hier nichts zu spassen gibt, zu aufgeregt ist Kathy. Gespannt mit blassem Gesicht hört diese zu, die Hände hat sie ineinander verkrampft und die Tränen lassen sich nicht mehr zurückhalten, unaufhaltsam rollen sie über das Gesicht hinweg. Als Fritzi geendet hat, sagt Kathy: «Wie konntest du, wie konntest du das tun? Weisst du, wie tief du sie damit gedemütigt hast? Jetzt ist sie weg, auf irgendeinen Berg sei sie gestiegen. Mein Gott, wenn sie sich nur nichts antut, ich könnte das nie verantworten!» – «Du könntest das nie verantworten, warum das?» Kathy überlegt eine Weile und erwidert: «Jetzt höre mir gut zu, Fritzi, das mit Irene und mir ist etwas ganz anderes, als wie wir, du und ich zueinanderstehen. Diese Frau ist ein sehr sensibler Mensch, empfindet die Liebe anders. Bis jetzt kannte sie nur Arbeit und Pflicht, Entbehrung und Selbstverleugnung. Ihre Gefühle wurden immer zurückgedrängt und durch all diese Jahre hindurch haben sie sich aufgestaut. Jetzt bei mir und mit mir ist dieses Aufgestaute zum Ausbruch gekommen und hat sich losgelöst. Du weisst gar nicht, wie lieb Irene sein kann, sie ist so zärtlich und dankbar, unendlich zartfühlend und fein ist diese Liebe. Immer neu strömt sie aus dem Herzen. Sie liebt mich sehr, Fritzi.» – «Und du, liebst du sie auch?» – «Das ist jetzt ganz unwichtig, ob ich sie liebe oder nicht, es geht hier nicht um mich. Du solltest Geduld mit uns haben.»

Fritzi ergeht es eigentümlich. Ihr ganzes Sein lehnt sich gegen diese beiden Frauen auf. Was verlangt man noch von ihr, Geduld? Ist es nicht genug, wenn sie schon versucht, das nötige Verständnis aufzubringen. «Ein grosszügiges Herz soll sie haben», hat Kathy noch gemeint. Nein, sie hat kein grosszügiges Herz. Eifersüchtig ist sie, grenzenlos eifersüchtig. Sie lässt sich Kathy nicht so ohne weiteres wegnehmen, kämpfen will sie. Diese Schweizerin soll sich eine andere Freundin suchen. Muss es gerade ihre Kathy sein, Kathy, die kränker ist, als sie selbst glaubt.

Auf der Bühne im Mathäusergarten herrscht eine drückende Stimmung. Kathy und Fritzi geben sich grosse Mühe, die gewohnte Fröhlichkeit aufzubringen. Was können die Gäste dafür, wenn sich in Fritzi ein kämpferischer Geist angesagt hat und die Eifersucht sie teuflisch plagt. Nein, die Gäste können nichts dafür und so darf man sich auch nichts anmerken lassen. Jedoch unter den Kolleginnen ist die drückende Stimmung aufgefallen. «Was ist denn nur mit Kathy und Fritzi los, haben sie sich gezankt?» – «Ehestreit», vermutet das vielsagende Lächeln Christas und Susannes. Das ist schon öfters vorgekommen. Halt, wo war es nur. In Schweden und das letzte Mal in Brüssel. Heimlich gönnen sie es Fritzi. Schon lange ist es unter ihnen zum stillen Gespött geworden, wie eifersüchtig Fritzi immer über Kathy wacht und wie pedantisch sie versucht, diese wie ein Hündchen an sich zu binden.

Der Höhepunkt dieser Spannung wird am Abend erreicht, weil Irenes Platz unbesetzt bleibt. Kathys Augen schweifen oft zu der Stelle hin, suchen den ganzen Garten ab, hoffend, Irene könnte doch noch irgendwo hinter einem Baum hervortreten. Kathy hofft umsonst. Irene kommt nicht, sie kommt den ganzen Abend nicht. Nur noch das Nötigste wird unter ihnen gesprochen. Während der Pause geht Kathy wieder ans Telefon und ruft das Hotel an. Diese monotone Stimme: «Es tut mir leid, Fräulein Hasler ist noch nicht zurück», könnte sie zur Verzweiflung bringen. Punkt elf Uhr macht sie Schluss. An diesem Abend hat sie kein Einsehen mehr. Das Rufen und Klatschen der Gäste nützt nichts, sie verbeugt sich und geht hinaus. Hinter ihr her kommt Fritzi. «Hörst du es nicht, wir müssen noch eine Zugabe bringen. Wo willst du hin?» – «Frag mich nicht, hier hast du die Schlüssel. Warte nicht auf mich!» Verblüfft fängt Fritzi die zugeworfenen Schlüssel auf. Es bleibt ihr keine Zeit, noch weiter zu verweilen; das Rufen aus dem Konzertgarten holt sie zurück auf die Bühne. Ohne Kathy spielen sie noch einen Marsch zum endgültigen Abschluss.

Erst vor einer Stunde ist Irene in das Hotel zurückgekommen. Körperlich müde, im Herzen aber glücklich und ausgeglichen, sucht sie sofort das Zimmer auf. Gesicht und Arme sind braungebrannt. Mühsam zieht sie die schweren Bergschuhe von den Füssen und hat nur den einen Wunsch, so bald wie möglich das kühle frische Wasser im Badezimmer über den Körper laufen zu lassen. Wie vorausgesehen, reichte die Zeit nicht, den Gipfel des Pilatus zu erreichen. Etwa auf der Höhe des Klimsenhorns setzte sie sich hin. Die Sonne brannte heiss auf die Felshänge und das Gras auf der kleinen Bergwiese war dürrgebrannt. Trotzdem weideten hier einzelne schwarzweiss gefleckte Ziegen. Zutraulich kamen sie näher und schnupperten am Papier der eingepackten Brötchen. Irene war entzückt über die Aussicht, die sie auch heute wieder geniessen konnte. Über unzählige Berggipfel hinweg sah sie bis zum Bodensee. So gut war die Sicht.

Kein Mensch begegnete ihr während des Aufstiegs. Kein Mensch störte sie hier auf diesem Flecken Erde. Auf dem Gipfel des Pilatus waren viele Gäste zu sehen, welche die Bergbahn hinaufgebracht hatte. Müde von dem langen Aufstieg legte sie sich hin, nachdem sie mit grossem

Appetit die mitgenommenen Sachen verzehrt hatte. Die dunklen Augen starrten lange in das Blau des Himmels. Die Begegnung mit Fritzi am Morgen kam ihr wieder in den Sinn. Wäre sie ein grundanständiger Mensch, würde sie gleich nach der Rückkehr ins Hotel die Koffer packen und nach Hause fahren. Kathy nicht mehr sehen, Kathy nie mehr sehen? Nein, das kann sie nicht. Das wäre zu viel verlangt. Gut, so ist man eben kein grundanständiger Mensch. Lieber Gott was soll sie tun? Freuen sollte sich Irene, gar nichts anderes. Sie brauchte nur um sich zu blicken, denn die ganze Schönheit der Natur lag zu ihren Füssen. Irene schloss aber die Augen und bald war sie eingeschlafen. Wie lange, eine Stunde, zwei Stunden? Sie wusste es nicht. Wach wurde sie erst wieder, als ihr eine Ziege mit dem struppigen Bart zu nahe kam. Erschrocken sprang sie auf, packte ihre Sachen zusammen und im Laufschritt ging es über Stock und Stein den Berg hinunter.

Der Abend rückte näher und weit war es noch bis zur Bahnstation. Fritzi und Kathy wurden jetzt ganz unwichtig. Wichtig war das Aufpassen auf die Füsse. Schon einige Male wollten diese auf den scharfkantigen Steinen ausgleiten. Wichtig wurde das Aufblinken der vielen Lichter im Tal unten, auch auf dem Bürgenstock, dem Stanserhorn und der Rigi. Wichtig wurde das Läuten der Abendglocken und das Zirpen der Grillen. Irene sang und pfiff, ergötzte sich an der wiederkehrenden Daseinsfreude. Als sie dann in Hergiswil ankam, war es bereits Nacht geworden. Ein Zug war gerade weggefahren und es blieb ihr nichts anderes übrig, als den nächsten abzuwarten. So kehrte sie nach einiger Zeit körperlich müde, im Herzen aber glücklich und ausgeglichen, in das Hotel zurück.

Ein leises Klopfen an der Türe. «Herein!», Kathy kommt hereingestürmt und schon liegen sie sich in den Armen. «Kind, Kind, dass du nur wieder da bist! Wo warst du die ganze Zeit? Mein Gott, wie habe ich mich geängstigt, es könnte dir etwas zugestossen sein.» Kathys Nerven sind erschöpft, sie weint in Irenes Armen. Diese lässt sie ausweinen. Es tut so gut, sich an einem liebenden Herzen ausweinen zu können. Mütterlich lieb streicht sie über Kathys Haare. Nach einiger Zeit schaut diese auf, trocknet die Augen und lächelt, als würde sie sich schämen. «Entschuldige, ich kann nichts dafür, es kommt über mich, ohne dass ich es will. Ich danke dir, dass du Verständnis dafür hast!» – «Warum soll gerade ich das nicht verstehen können, dasselbe fühle ich doch auch!» – «Lass mich heute Nacht bei dir bleiben», sagt Kathy. «Wie gut du riechst nach Gras, Blumen und Erde. Wie schön ist es bei dir, immer sollte es so bleiben können!» Lange bleibt Irene wach. Neben ihr liegt Kathy, ruhig, regelmässig geht ihr Atem. Die schönen Hände liegen auf der Bettdecke, das Gesicht ist friedlich entspannt. «Was mag hier vorgefallen sein?», fragt sie sich. In diesem Moment wird ihr bewusst, wie stark ihre Bindung zueinander ist. Was wohl die Zukunft bringen mag?

«Hat Kathy uns vergessen, auf zehn Uhr hat sie uns hierher bestellt, jetzt ist es elf Uhr und noch immer ist sie nicht da. Fritzi, kommt denn Kathy nicht?» – «Ich will nachsehen», sagt Fritzi, «vielleicht hat sie sich verschlafen.» Sie geht hinaus auf die Strasse, sie geht hinauf in ihre Pension und erkundigt sich. «Hat Kathy nicht angerufen?» – «War sie denn nicht hier?» – «Nein, gestern musste sie dringend wegen eines Engagements nach Zürich fahren. Sicher hat sie heute Morgen den Zug verpasst!» Sie soll es glauben, die Pensionsmutter, es wäre so. Nie könnte ihr Fritzi die Wahrheit sagen. Noch weniger kann sie in das verfluchte Hotel gehen und Kathy zurückholen. Nichts, gar nichts hat sie bei sich, keine Zahnbürste, kein Pyjama, noch weniger die Arznei, die sie für das Herz einnehmen muss. Und die Milch, die sie, endlich zur Vernunft gekommen, jeden Morgen trinkt, fehlt ihr auch. Hier steht sie auf dem Tisch. Wütend schiebt Fritzi das Glas zur Seite. Umbringen könnte sie diese Schweizerin. Zornestränen steigen in ihre Augen und vor Aufregung sind die Wangen rot geworden.

Da bestellt man alle zur Probe. Wehe, wenn eine davon nicht erscheinen würde. Alle warten und Kathy kommt nicht, kommt einfach nicht. Hat sie uns und unsere Arbeit ganz vergessen? So etwas ist noch nie dagewesen. Fritzi kehrt in den Mathäusergarten zurück und sagt: «Ja, Kinder, es tut mir leid. Kathy kann heute Morgen nicht aufstehen, zu grosse Schmerzen hat sie wieder. Sie lässt sich entschuldigen.» – «Hoffentlich ist es nichts Ernstes», fragt Mira besorgt. Fritzi übersieht das versteckte Lächeln von Christa und Susanne. Diese Beiden glauben das nicht, was sie soeben erklärte. «Ja Fritzi, Fritzi, du wirst nicht jünger, nur immer älter. Auch nicht schöner, schön bist du noch nie gewesen. Du wirst nur immer rundlicher und bequemer.» Da kommt wieder die versteckte Schadenfreude zum Vorschein. Alle lieben doch Kathys grosszügige Art viel mehr als Fritzis oft zu pedantisches Wesen. In diesem Falle wird Kathy auch am Nachmittag nicht erscheinen. Fritzi wird sie vertreten müssen. Das hat sie schon öfters getan. Aber am Abend, da ist sie unentbehrlich, noch nie hat sie gefehlt und wenn sie vor und während dem Konzert noch so viele Tabletten gegen die Schmerzen schlucken musste. Immer war sie da und in Form. Das wissen alle ihre Kolleginnen.

«Fritzi, bitte, bring mir die Milch.» Schlaftrunken mit halb offenen Augen murmelt dies Kathy, als sie erwacht. «Ich bin es, deine Irene, du bist bei mir.» Jetzt aber schnellt Kathy auf und schaut umher. «Wie komme ich zu dir?» Irene lacht und sagt: «Glaubst du, ich hätte dich geraubt und hier hinaufgetragen? Ein bisschen wärst du mir doch zu schwer gewesen. Nein, gestern bist du von selbst gekommen.» Langsam findet sich Kathy zurecht und ruft: «Gib mir die Cigaretten und den Kamm. Wie sehe ich denn aus?»

Irene schiebt die Vorhänge zurück. Für sie ist es schon reichlich spät. Für Kathy noch sehr früh. Schon einmal war sie wach gewesen, um halb sieben Uhr hatte das Telefon geläutet. Warum sie am Abend vorher die Bitte zum Wecken ausgesprochen hatte, konnte sie nicht sofort erinnern. Natürlich, die Koffer sollten gepackt werden, denn wie abgemacht, müsste sie bald nach Zürich fahren. Einen harten Kampf hatte sie mit sich selbst gekämpft. Auf der einen Seite wusste sie, dass das Programm ihrer Arbeitskollegin schon festgelegt ist und diese am Nachmittag verreisen will. Auf der andern Seite wäre es verführerisch schön, noch zwei bis drei Tage hier in

Luzern zu verweilen. Letztendlich hat sie sich zu einem Kompromiss entschlossen und fährt nicht schon gegen Mittag weg, sondern erst gegen Abend. Irgendeine Entschuldigung wird sich für diese Verspätung finden lassen.

Dem Portier wird ausgerichtet, er möchte die Koffer später abholen, die Reise sei verschoben worden. Während der Kellner das Tischchen herrichtet und das Mittagessen auf die Wärmeplatte stellt, steht Kathy auf dem Balkon und raucht ihre Cigarette.

«Darf ich wieder hereinkommen?» Zum Huhn mit Pommes Frites schmeckt der Dôle ausgezeichnet. Irene erhebt das Glas und lacht dabei. «Wein trinken, das dürfte ich eigentlich nicht. Jeglicher Alkohol ist bei uns verboten!» – «Alkohol trinken, das darfst du nicht. Liebe, das darfst du auch nicht. Ja, sag einmal, bist du denn in einem Kloster?» – «Beinahe», gibt Irene zur Antwort. «Aber Wein, das bekommt man dort.» Plötzlich sagt Kathy: «Du lieber Gott, auf heute Morgen habe ich doch alle zur Probe bestellt. Jetzt sitze ich da, und was habe ich inzwischen gemacht? Egal, Fritzi wird sich aufgeregt haben. Du kannst es mir schon glauben, leicht hat sie es nicht mit mir, zu sehr hat sie mich verwöhnt. Oft bin ich brummig, habe schlechte Laune und bin direkt ungezogen!» – «Liebst du sie sehr», will Irene wissen. «Weisst du, die vielen Jahre hindurch gewöhnt man sich aneinander. Fritzi ist für mich der ruhige Pol. Mütterlich umsorgt sie mich und oft ist mir das gar nicht so angenehm, hauptsächlich nicht, wenn ich ein schlechtes Gewissen habe, wie jetzt zum Beispiel!» – «Liebst du sie so, wie wir uns lieben?» – «Nein, nein, das ist doch ganz etwas anderes!»

Kathy legt die Serviette weg und geht wieder auf den Balkon hinaus. Der Kellner räumt das Geschirr weg. Zweimal schlägt die Uhr der Stadtkirche. Um vier Uhr fährt Irenes Zug. Auf ihre Armbanduhr schauend, sagt Kathy so halb für sich, indem sie wieder ins Zimmer tritt: «Noch genau zwei Stunden können wir beisammen sein!» – «Musst du denn nicht zum Konzert heute?» – «Nein, heute gehe ich nicht hin. Fritzi wird mich vertreten; das hat sie schon öfters getan!» – «Das ist ja wunderschön. Küsse mich Kathy, oh bitte küsse mich!»

Ein eigenartiges Programm stellt Fritzi zusammen, ihr Spiel ist grossartig. «Der Teufel muss in sie gefahren sein», denken die andern. Meistens ungarische Stücke werden gewählt und kaum lässt sie den Musikerinnen einige Minuten zum Ausruhen. Wo kommen nur die vielen Gäste her? Ein Schiff muss angekommen sein, denn plötzlich ist der Konzertgarten voll besetzt. Die Serviertöchter und Kellner jagen umher, balancieren die schweren Platten auf ihren Schultern. Das Bier in den massiven Bierkrügen löscht den Durst. Platten mit belegten Brötchen und Patisserie werden herumgereicht. Die Frauen wählen meist Eis-Kaffee oder Tee. Fritzi serviert die Musik. Der Gästestrom hat sie noch mehr angespornt. Der Applaus ist gross, jetzt lächeln ihr die andern Musikerinnen zu, denn tatsächlich hat sie während des Spiels sich selbst und den ganzen Ärger vergessen. Nur noch an die Kunst denkt sie und gibt sich ihr mit ganzer Seele hin.

«Die kann etwas, höre dir diese Technik an, solche Fertigkeit in ihrem Spiel, wirklich gross!», sagt einer der

Touristen «Jung allerdings ist sie nicht mehr, und alle Andern sind hübscher, jedoch ihr Spiel ist grossartig!» Es ist für alle Gäste ein Genuss, der Musik zuzuhören. Ein Genuss auch wieder ist es, die gepflegten Frauen mit entblössten Armen und Schultern zu sehen. «Alles nette Mädchen, die hätten es gar nicht nötig, sich so zu kleiden. Ihr Charme und ihre Arbeit sind trotzdem anerkannt gut!» – «Irgendetwas müssen sie doch anziehen. Sollten sie mit hochgeschlossenen Wollkleidern auf der Bühne auftreten?», fragt der Andere der Touristen.

Während Fritzi und ihre Kolleginnen das Beste zur Unterhaltung der Gäste beitragen, macht sich Irene zur Heimkehr bereit. Nachdenklich schaut ihr Kathy zu und sagt: «Ich weiss, schreckliches Heimweh werde ich nach dir haben, wenn ich von jetzt an meine Lieder auf der Bühne singen werde. Von Liebe, Lust und Leid, davon handeln doch alle. Dann werde ich immer an dich denken müssen. Für dich werden die Worte bestimmt sein!» – «Es war ja auch dein Gesang, Kathy, deine dunkle Stimme, die mich vom ersten Moment an bezaubert und verzaubert hat. Eigentlich bin ich jetzt ein ganz anderer Mensch geworden und muss schauen, wie und was ich von jetzt an tun und lassen werde!» Irene sagt dies humorvoll und lacht dabei. Kathy bleibt sehr ernst und erwidert: «Du sollst vernünftig bleiben. Im Winter bin ich wieder da, und dann können wir uns wieder sehen.» – «Vernünftig bleiben, hab keine Angst, Kathy. Wenn ich wieder in meiner Arbeit stecke, wird mir das Träumen nur zu schnell vergehen. Und doch wird es anders sein. Hie und da werde ich von jetzt einen kleinen Halt einschalten, werde dem Sternchen der Liebe nachsinnen, vielleicht leise vor mich hinlächeln. Das Sternchen wird mir den Alltag verschönern!» Die Zeit des Abschiednehmens rückt näher. Kathy sagt: «Du musst nun zur Bahn, wir sagen uns hier auf Wiedersehen, Ich hasse Szenen auf dem Bahnhof!» – «Ich danke dir Kathy, ich danke dir. Du bist das Schönste, was ich bis jetzt erleben durfte!»

Der letzte Wagen verschwindet aus Kathys Augen, sie steht immer noch da und winkt. Nie in ihrem Leben möchte sie diese Stunden mit Irene zusammen missen. Sie sind den Streit mit Fritzi wert. Sie sind es schon tausendmal Wert um das beglückende Empfinden in ihrem Herzen. Beschwingt, um Jahre jünger geworden, geht sie gegen Abend zum Nachtessen in den Mathäusergarten und ruft den Andern zu: «Guten Abend Kinder!» – «Guten Abend Kathy! Fein, dass Sie wieder da sind. Geht es Ihnen besser?» – «Danke, mir geht es ausgezeichnet!» Kathy schaut belustigt in die fragenden Gesichter. Erst jetzt fällt es ihr ein, Fritzi könnte sie mit Kranksein entschuldigt haben. «Ja Kinder, die Probe heute Morgen. Ich weiss, ich weiss, ihr müsst mich entschuldigen, denn ich hatte sie und euch Alle ganz vergessen!» Christa und Susanne schauen einander an. «Hatten wir nicht Recht gehabt», sagen ihre Augen zueinander. Ein etwas komisches Gefühl hat Kathy, als Fritzi kommt. «Ist sie weg?» – «Ja Fritzi, sie ist weg. Und wie ist es gegangen heute Nachmittag?» – «Sehr gut», sagt Fritzi. «Nur die Probe heute Morgen», Kathy winkt ab, gibt das Zeichen, dass Fritzi nicht mehr weitersprechen soll, ist schon gut, ist schon gut!»

Während des Abendkonzertes ist Kathy in Form. Das ganze Programm gestaltet sie fast allein. Glücklich strahlen ihre Augen die Kinder an, ihre Kinder. Das Lächeln ist anziehend, die Einfälle grossartig. Alles reisst sie mit, die Kolleginnen und das Publikum. Das muss sogar Fritzi zugeben und nimmt sich vor, keine Szene mehr zu machen. Auch kommen ihr wieder Irenes Worte in den Sinn: «Aber um Gotteswillen, warum soll Kathy denn nicht glücklich sein? Ist dies ein Fehler oder ein Verbrechen? Gönnen sie ihr doch diese Freude!»

Dunkle Gewitterwolken steigen auf, als Irene im Zürcher Hauptbahnhof ein Taxi herbeiruft, um in ihre Wohnung im Seefeld zu fahren. Ebenfalls dunkle Gewitterwolken steigen auf, als sie am Abend in die Gaststätte kommt und ihre Kollegin ablösen will. Im Bureau sitzt Fräulein Brun, empfängt sie mit dem ersten Donnerrollen. Blitze zucken aus ihren Augen, wie ein Hagelwetter prasseln die Worte über Irene herab. «Warum kommen Sie erst jetzt? Wir hatten doch auf den Vormittag abgemacht, damit ich am Nachmittag verreisen kann. Wie soll ich wegfahren können, wenn niemand da ist?» – Irene ist nun doch überrascht und fragt: «Ja, hat man Ihnen keinen Ersatz gesandt?» – «Ersatz, aber Sie kennen doch unsere Direktion und wissen auch, dass es nur in höchster Not einen Ersatz gibt. Für mich wird auch keiner kommen, früh genug werden Sie das erfahren!» – «Das tut mir aber leid!», sagt Irene. «Warum, sagen Sie endlich, haben Sie unsere Abmachung nicht eingehalten?» Rasch überlegt Irene, was sie antworten soll. Den Zug am Morgen verpasst zu haben, ist eine dumme Ausrede.

Die Abmachung vergessen zu haben, das ist noch schlimmer. Also muss sie schnell eine andere Lüge erfinden, die Wahrheit darf man doch nicht sagen. «Ich habe heute Morgen unter sehr starken Magenschmerzen gelitten. Ich konnte in diesem Zustand nicht wegfahren. Irgendetwas muss ich gestern gegessen haben, das mir und meinem Magen nicht gut tat. So habe ich es für vernünftiger gehalten, mich zu kurieren, damit ich als ganzer Mensch wieder frisch beginnen kann». Aufmerksam hört Fräulein Brun zu und sagt: «Das ist allerdings etwas anderes. Mir hätte es auch nichts genützt, wenn sie krank zurückgekommen wären. Aber jetzt, jetzt geht es Ihnen besser und können Sie Ihre Arbeit wieder aufnehmen?» – «Danke, es geht ganz gut, nur mit dem Essen muss ich noch vorsichtig sein!» Über ihre eigene Schlagfertigkeit ist Irene überrascht. Wie leicht das Lügen geht, wenn es sein muss.

Bis spät am Abend sitzt sie mit Fräulein Brun im Bureau. Sie übernimmt die kontrollierten Sachen, bespricht die Menus für den kommenden Tag und lässt sich in die Pläne der Angestellten, der freien Tage und Ablösungen einführen. Das Rad geht weiter. «Und haben Sie schöne Ferien gehabt? Schön braun sind sie geworden!» Kritisch schauen Fräulein Bruns Augen über die Brille hinweg. Und ob sie gut ausgeruht sei, möchte sie noch wissen. Noch kritischer schauen diese graugrünen Augen. «Meine Ferien waren einzigartig schön. Ich habe mich sehr gut erholt!» – «Einzigartig schön, wie das klingt. Haben Sie eine Eroberung gemacht? Na, na, fliegen sie uns nur nicht weg, jetzt wo wir so knapp an Personal sind!» – «Wegfliegen, ach nein, das werde ich schon nie!», sagt Irene etwas trostlos. «Nie? Sie werden doch nicht ewig hier bleiben wollen, hier in diesem Hexenkessel? Sie werden doch einmal heiraten. Machen sie es nicht so wie ich. Schauen sie mich alte Jungfer einmal an. Gefällt ihnen das?» Dann fährt Fräulein Brun in ihrem Brustton weiter, halb zu sich selbst gesprochen sagt sie: «Nanu, gestorben bin ich immerhin nicht dabei, habe sogar viele schöne Momente gehabt. Es ist überall etwas. Und letztendlich ist man nicht auf der Welt, um es nur schön zu haben. Allerdings, wenn ich jetzt daran denke, dass in zwei Jahren das Ausruhen kommt. Nicht mehr dastehen müssen wie eine Uhr, sein eigenes Leben leben zu können, Mensch sein dürfen und diesen Ärger mit den Angestellten nicht mehr mitmachen müssen, ja, dann wird mir wohl ums Herz!» Nach einem gutgemeinten Klaps auf Irenes Rücken sagt sie noch: «Überlegen Sie sich das noch einmal!» Arbeiten und Pflichten sind die beste Medizin für ein heimwehkrankes Herz.

Irene trinkt diese Medizin, sie trinkt sie so oft, bis sie fast zusammenbricht. Sie stürzt sich in die Arbeit, keine Ruhe gönnt sie sich. Während der Abwesenheit des Fräulein Brun liegt die ganze Verantwortung auf ihr. «Fräulein Hasler, was kochen wir heute, was kochen wir morgen? Fräulein Hasler, wann habe ich meinen freien Tag, ich muss zum Arzt, ich muss zum Zahnarzt!» Und dann kommen wieder telefonische Anrufe, sie macht Bestellungen, lässt Säle, kleine Sitzungszimmer reservieren. Die Direktion erlässt den harten Befehl: «Einsparen! Einsparen! Wir sind wohl ein soziales Unternehmen, aber kein Wohltätigkeits-Institut. Merken sie sich das!» Als Vorgesetzte versucht Irene zu denen, die ihr unterstellt sind, gerecht und korrekt zu sein. Diese Einstellung, sich so zu verhalten, entspringt ihrer Erfahrung und sie sagt sich: «Wenn man als Erzieher, sei es als Lehrerin, Eltern oder Arbeitgebende gute Resultate erzielen will, muss man vor allem fortwährend sich selbst erziehen und unter Kontrolle halten.»

Ganz glücklich wird sie trotz den von ihr erreichten guten Resultaten nie werden, denn der dunkle Schatten ihrer widernatürlichen geschlechtlichen Veranlagung wird immer auf ihr lasten und jegliches Glücksgefühl verdunkeln. Kathys Worte kommen ihr oft in den Sinn und sie begreift diese Worte heute mit erschreckender Deutlichkeit: «Weisst du, was du tust? Weisst du, was solche Liebe ist? Und weisst du auch, wie solche Liebe von andern Menschen verurteilt wird, weisst du wirklich, was du tust?»

Bald geht es dem Winter zu. Fräulein Brun ist schon lange wieder aus den Ferien zurück, gemeinsam, geht das Arbeiten besser. Irene kann sich mehr der ihr zugeteilten Arbeit widmen. Das Servicepersonal muss eingeteilt werden, das Buffet kontrolliert, die Menükarten müssen geschrieben werden und über den Mittag steht sie am Speisebuffet und gibt die Speisen heraus. Menschen, denen die Zeit über den Mittag nicht ausreicht, um nach Hause zu fahren, finden sich scharenweise ein. Darunter sind viele Schüler aus höheren Schulen, Angestellte, Ladenpersonal und etliche Schneiderinnen. Alleinstehende Männer aus der Stadt, die kein richtiges Zuhause haben und darauf angewiesen sind, ihre Mahlzeiten in Gaststätten einzunehmen, kommen in dieses Lokal.

In Reih und Glied stehen die Serviertöchter mit blendend weisser Schürze vor dem Buffet und nehmen die gefüllten Teller und Platten in Empfang, um sie unter den Gästen zu verteilen. Alles ist sehr gut organisiert. Um alles auf rascheste Art abfertigen zu können, kommen die gekochten Speisen in grossen Eimern aus der Küche. Diese werden am Buffet in ein heisses Wasserbad gestellt und von hier aus auf die Platten und Teller verteilt. Irene hat eine grosse Fertigkeit in dieser Arbeit. Platte um Platte wird aufgefüllt und dann weggetragen. So geschieht dies jeden Tag. Äusserste Konzentration braucht es während dieser Stunden. Ist der Hauptrummel vorbei, werden die Serviertöchter in die Abwaschräume beordert. Das Geschirr und die Bestecke müssen gespült und gereinigt werden. Auch hier hilft sie immer mit.

Nachmittags findet sich ein anderes Publikum ein. Es sind hauptsächlich Frauen aus den Nachbarsgemeinden, die nach ihren Besorgungen in der Stadt einen Kaffee oder einen Tee zu sich nehmen möchten. Es sind Frauen mit verarbeiteten Händen, mehr oder weniger gepflegten Gesichtern, aber mit einem einfachen, netten Wesen. Diese Gesichter sind trotzdem schön, denn ihre Augen strahlen eine Zufriedenheit und Güte aus. Nicht zu vergleichen mit den Gesichtern jener Frauen, die fast jeden Tag aus Langeweile und Nichtstun in den Cafés ihre Zeit totschlagen.

Um sechs Uhr beginnen die Abendessen. Auch da sind wieder andere Gäste, zum Teil unverheiratete Männer, Männer die keine Frau zu Hause haben, die ihnen nach der Tagesarbeit das wohlverdiente Mahl auf dem Tisch bereithält. Wie oft sind diese Männer verbittert, eigenbrötlerisch und unbeholfen. Nur zu gerne wälzen sie ihre Verbitterung und Unlust im Dasein auf Andere ab, die dann die Opfer solcher Launen sein müssen. Die Suppe ist nicht gut genug. Das Brot dazu zu klein, die Speisen sind zu wenig schmackhaft. Dabei vergisst man immer, dass hier in diesen Lokalen viel weniger dafür bezahlt werden muss als an anderen Orten.

Irene wird mit solchen Nörglern fertig. Sie nimmt Anteil an ihren Anliegen und Nöten, zeigt Verständnis und hilft, indem sie diese Männer indirekt erzieht. Weniger Arbeit und Umstände gibt es mit den Frauen. Darunter hat es viele alte Mütterlein, die mit ihren abgearbeiteten krummen gichtigen Fingern ein paar Batzen aus ihrem Geldbeutel suchen, um die warme Suppe oder einen Teller Pellkartoffeln, vielleicht noch ein kleines Stück Käse dazu, bezahlen zu können. Verständnis und Geduld braucht es überall. Die Worte des Johann Christian Blumhardt helfen Irene zu immer neuem freundlichen Wesen mit diesen Gästen: «Man sollte mehr aufmerken und mehr Liebe für seine Mitmenschen haben. Man könnte da wunderbar viel tun mit einer geringen Kleinigkeit, und was es dann nicht nur leiblich, sondern auch im Gemüt wohltut, ist nicht auszudenken. Solche Bedürftige leben ganz auf schon im Gedanken, dass andere Leute auch an sie denken!»

Ein Brief für Irene liegt auf dem Bürotisch. Er kommt aus Berlin. Wieder dieselbe Handschrift wie auf den Ansichtskarten, die nur mit «Kath» unterschrieben waren, denkt Fräulein Brun. Wer nur dieser Kath sein mag? Eine eigenartige Bekanntschaft hat unser Fräulein Hasler in den Ferien gemacht. Nie, aber auch gar nie würde sie nur das Kleinste davon erzählen. Sehr komische Sache das!» – «Hier liegt ein Brief für sie, Fräulein Hasler. Bestimmt von ihrem Verehrer, von ihrer neuen Eroberung in Luzern. Was ist er von Beruf?» Irene überhört diese Frage. Sie steckt den Brief ungeöffnet in ihre Tasche, ist schon halbwegs aus der Türe verschwunden und ruft zurück: «Ich muss sogleich ins Restaurant hinunter, die angemeldete Gesellschaft ist eingetroffen!» Hinaus ist sie und gibt keine Antwort auf Fräulein Bruns Frage.

Diese ist damit nicht einverstanden. Sie schüttelt ihr graues Haupt und brummt vor sich hin: «Komische Leute sind das heute, diese jungen Mitarbeiterinnen. Die stellen schon ganz andere Ansprüche, als wir es früher taten. Eine eigene Wohnung möchten sie haben ausserhalb des Hauses, ausserhalb der Arbeitsstätte. Wir Alten sind gewohnt, immer da, wo wir arbeiten, zu wohnen, und begnügen uns mit einem einfach möblierten Zimmer. Aber natürlich, bei Fräulein Hasler soll es ja etwas anderes sein. Sie möchte die Wohnung, welche ihr die verstorbene Mutter zurückgelassen hat, weiterbehalten. Einerlei, früher wäre man bei der Direktion nie auf solche Extra-Wünsche eingegangen. Heute natürlich, heute befiehlt das Personal!»

Am folgenden Morgen fragt Irene in einem günstigen Moment, während sie und Fräulein Brun die freien Tage über Weihnachten und Neujahr zusammenstellen, ob es nicht möglich wäre, ihre zwei Ferienwochen auch über die Festtage einzuziehen, nicht erst wie jeweils nach Neujahr. «Was ist denn das wieder für eine verrückte Idee? Ausgerechnet während dieser Zeit, wo es so viel Arbeit gibt. Und dann feiern wir doch am 22. Dezember unsere Hausweihnacht. Ihnen obliegt wieder das Einstudieren der Lieder und Spiele. Nein, gar nicht daran zu denken!» Darauf antwortet Irene: «Vor unserem Weihnachtsfest meine Winterferien anzutreten, daran habe ich nicht gedacht. Jedoch wenn es möglich wäre, darauf am nächsten Tag!» – «So etwas Verrücktes», sagt Fräulein Brun wieder. «Was haben Sie denn vor, dass es gerade und unbedingt um diese Zeit sein muss?» Irene schaut auf ihre Schreibarbeit, während sie Fräulein Brun erklärt, sie sei von ihrer Tante nach Stuttgart eingeladen worden, die in letzter Zeit kränklich sei und sie deshalb unbedingt bei sich haben möchte. Und weil sie so dringend darum gebeten werde, könne sie diese Einladung nicht ablehnen. Fräulein Brun überlegt. «Heute und Morgen kann ich es ihnen noch nicht bewilligen. Ich muss es erst der Direktion mitteilen. Man muss mir natürlich eine Aushilfe schicken, niemals könnte ich es alleine schaffen!» Irene gibt sich zufrieden. «Sie kennt ihre Fräulein Brun und kennt auch das gute Herz, trotz dem ewigen Brummen. Sie weiss auch ferner, dass man ihren Wunsch, wenn immer möglich erfüllen wird.

Die Hand berührt Kathys Brief unter dem Herzen, das jetzt eigenartig rasch zu klopfen beginnt. Kathy hat geschrieben, es wäre nichts aus dem Gastspiel in Zürich geworden. Weitere Gründe dafür gibt sie nicht an. Vorläufig würden sie noch in Berlin bleiben. «Aber Liebling», schreibt sie weiter, «über Weihnachten und Neujahr sind wir alle frei, wir spielen nicht bis Mitte Januar. Die Mädels fahren nach Hause, auch meine Fritzi. Das sollen sie doch wieder einmal tun dürfen, meinst du nicht auch? Ich, ich habe kein Zuhause, nur eine Freundin, wo ich hingehen kann. Es wird nie eine richtige Erholung für mich, denn dort sind vier Kinder, ungezogene Rangen, viel zu laut und zu unruhig. So ist mir der Gedanke an dich gekommen. Irene, Kind, hast du keinen Platz für mich? Vielleicht kannst du auch einige Tage frei machen. Das wäre ja herrlich, nicht auszudenken. Versuche es einmal!» Kathy schreibt noch am Schluss: «Immer, wenn ich jetzt meine Lieder singe, sind meine Gedanken bei dir. Für dich sind die Worte bestimmt, für dich singe ich, nur für dich. Hörst du es nicht? Schreibe mir sofort, ob und wann ich kommen darf!»

Ob sie kommen darf, wie kann sie nur so fragen? Weiss sie denn nicht, dass Irene ohne diese Liebe nicht mehr leben kann? Zu oft gehen die Gedanken über die Schweizergrenze hinweg in das Lokal, wo Kathys Kapelle spielt. «Komm Kathy, komm, ich bin bereit, dich glücklich zu machen, auf dass auch ich glücklich werde!» Ein Stossgebet schickt sie zum Himmel, man möge ihr das Lügen wegen der grossen Liebe zu Kathy verzeihen.

Es ist nun richtig Winter geworden. Der Wind fegt die letzten Blätter von den Bäumen. Kahl und leer stehen sie da. Der Himmel ist graubewölkt, Schnee liegt in der Luft. Die Möwen am Limmatstrand fliegen wild kreischend umher und suchen ihr Futter. Alte Leutchen,

Männer wie Frauen, flüchten jetzt aus den kalten Mansardenzimmern und finden Zuflucht in den warm geheizten Räumen, wo Irene arbeitet. Sie spannt die Zeitungen in die Zeitungshalter und legt sie aufs Fenstersims am Eingang neben der Türe. Sie betrachtet dabei die müden, grauen Gesichter. Trinkzwang besteht während der Nachmittagsstunden keiner.

Oft kommt es vor, dass von der Strasse her Männer um etwas Speise und Trank betteln kommen. Es ist für sie nicht immer leicht, diese Bitte zu erfüllen, hauptsächlich nicht, wenn der Schnapsgeruch dieser Männer die gute Luft des Lokals verpesten will. «Natürlich, natürlich, ihr habt gut reden, ihr steht an einem vollen Barren und habt immer schon dort gestanden. Ihr kommt nicht aus einer solchen Misère wie wir. Lasst uns den Schnaps, das ist noch das Einzige, was wir haben.» Ja, leider, denkt Irene. Es ist sinnlos, den Männern den Schnaps vorenthalten zu wollen. Hätten sie ein kräftiges gutes Essen, noch so gerne würden sie auf den billigen Alkohol verzichten. Um aber zu einem kräftigen guten Essen zu gelangen, muss man intensiver arbeiten und nicht nur dann, wenn einem das Wasser am Halse steht. Und gerade das wollen diese Menschen nicht. Meistens ziehen sie ein solches Vagabundenleben einem geordneten Dasein vor.

Warum sie im Leben derart versagt haben, ist nicht bekannt. Man weiss nicht, welche Motive zugrunde liegen. Vielleicht hätte da in früheren Jahren eine gütige Hand oder ein liebes Wort dieses Leben in ganz andere Bahnen leiten können. Was weiss man? Für das ganze Personal ist es oft schwer, hier gerecht zu werden. Es braucht vor allem einen Opfersinn, eine richtige Einstellung zur sozialen Arbeit und auch Ideale. Diese Ideale werden in allen Betrieben unter den Angestellten gepflegt und gefördert, sei es durch Vorträge, sinnvolle Betrachtungen, oder sei es auch durch festliche kleine Anlässe.

Der Tag der Weihnachtsfeier ist angerückt. Geheimnisvolles Flüstern hört man aus allen Ecken. Gedichte werden repetiert. Irene hat mit den begabteren Mädchen einen Gesangchor gegründet. Jede freie Minute ist zum Üben verwendet worden, um ja an diesem Abend das Beste bieten zu können. Jetzt kommen sie daher, alle in ihren schönsten Kleidern, schön frisiert und fein gepflegt. Nach der Begrüssung der Direktion, die jedes Jahr zu dieser Feier eingeladen wird, setzen sich der hohe Besuch, die Leiterinnen und die Mädchen an den weiss gedeckten Tisch. Tannenzweige und Kerzen schmücken die lange Tafel. Mit Hauskonfekt, Orangen, Nüssen und Mandarinen gefüllte Teller tragen zur schönen Dekoration bei. Wein, überhaupt Alkohol, gibt es nicht, dafür einen fein zubereiteten Tee. Belegte Brötchen mit Aufschnitt, Spargeln, Ei und Schinken werden herumgereicht. Zum Dessert gibt es die von allen geliebte Schokoladen-Crème mit Biskuits. Unter dem Weihnachtsbaum, der mit viel Liebe und Geduld von Irene geschmückt worden ist, liegen die Weihnachtsgeschenke in Schachteln und Paketen. Der dreistimmige Chor singt alte und neue Weihnachtslieder. Jetzt kommt das Krippenspiel. Mit so viel Hingabe und Kunstfertigkeit wird das Spiel aufgeführt, man glaubt sich ins Theater versetzt.

Die Direktion «Madame Monier» lässt es sich nicht nehmen, Irene ein gebührendes Lob zu spenden. «Gut, sehr gut, Fräulein Hasler. Sie und Alle haben sich da wieder grosse Mühe gegeben. Unglaublich, was alles in diesen Mädchen stecken kann. Auch der Gesang ist sehr schön.» Man sitzt beisammen, betrachtet gegenseitig die Geschenke, die von Fräulein Brun verteilt werden. Kuchen und Früchte werden serviert, dazwischen gibt es noch kleine Überraschungen, sei es in einem vorgetragenen Gedicht, Spiel oder Musikstück. Die Unterhaltung ist frei und ungezwungen. Madame Monier richtet wieder das Wort an Irene. «Gut sehen Sie aus, Fräulein Hasler. Wir sind mit Ihren Leistungen zufrieden. Das soll und muss einmal gesagt werden!» – «Das Lob ehrt mich und macht mir grosse Freude», erwidert Irene höflich. – «Apropos, damit ich es nicht vergesse, wir schicken morgen die Ablösung, damit Sie Ihre gewünschten Tage einziehen können.» Nach kurzem Überlegen fährt Madame Monier weiter: «Nach Stuttgart soll die Reise gehen, wie mir Fräulein Brun mitteilte. Sehr schöne Stadt, dieses Stuttgart, hat viel Ähnlichkeit mit Zürich. Haben Sie Verwandte dort?» – «Eine Tante», sagt Irene. «Gerne möchte sie mich bei sich haben. Sie ist sehr alt und leidend. So werde ich ihr diesen Wunsch erfüllen.»

Wohl ist es ihr nicht während dieses Gesprächs. Innerlich wütend denkt sie: «Verflucht, diese Lügnerei. Warum kann man nicht zur Wahrheit stehen und einfach sagen, meine Freundin kommt für zwei Wochen zu mir und da sollte ich frei sein. Niemand würde sich daran stossen, ein Aussenstehender schon gar nicht. Das kommt doch immer wieder vor, dass man den Besuch einer Freundin erhält. Ist es das schlechte Gewissen, weil die Liebe zu Kathy anders ist, als sie sein sollte? Nein, ein schlechtes Gewissen hat Irene nicht mehr. Das war ja auch ein weiter und mühsamer Weg, dieser Weg aus den Konflikten heraus zur inneren Freiheit. Trotz der inneren Freiheit ist man sehr vorsichtig geworden. Sie geht nicht einig mit den Frauen, die sich mit ihrer besonderen Art noch brüsten, die sich wie Männer aufspielen, die Gesellschaft herausfordern und vor den Kopf stossen. Solche Frauen erwecken auch in ihr eine Abwehr und Ärger. Natürlich hat jeder Mensch das Recht, sein Leben zu leben, jedoch ohne dass er mit seiner Haltung Andern Ärgernis bereitet. «Auf unsere Haltung kommt es an, nur auf unsere Haltung, wenn wir Homosexuelle ein ruhiges und ungehetztes Leben haben wollen!» Diese Worte hatte einmal ein sehr feiner und intelligenter Mann zu Irene gesprochen. Falsch, verwerfend findet sie auch die sogenannte Flucht vor sich selbst. Für Momente kann man im Alkohol und in der Vergnügungssucht Vergessen finden. Umso grösser wirkt sich darauf aber die Verzweiflung in einem selbst aus. Jeder Mensch kann über sich hinauswachsen, allerdings unter der Voraussetzung, dass er will und genügend Kraft besitzt.

«Viel Vergnügen und ruhen sie sich gut aus in ihren Ferien!» Das sind die letzten Worte, die der hohe Besuch beim Verlassen der Weihnachtsfeier spricht und nochmals herzlich dankt. Die niedergebrannten Kerzen werden ganz ausgelöscht. Mit einigen zurückgebliebenen Mädchen räumt Irene die Tafel weg und bringt den Saal in Ordnung. Anschliessend macht sie wie jeden Abend die bekannte Nachtrunde. Sie kontrolliert alle Gas- und Wasserhahnen, prüft die geschlossenen Türen und Fenster, geht in die Kellerräume, schaut nach, ob auch hier alles in Ordnung ist. Dann steigt sie die Treppe hinauf in das Bureau.

Fräulein Brun macht die Eintragungen und sagt: «Na fertig, haben Sie gesehen, Fräulein Hasler, wie man mit uns und unserem heutigen Abend zufrieden ist? Einige Punkte haben wir wieder mehr bei unserer Direktion. Auch mich hat der heutige Abend überrascht. Es ist wirklich erstaunlich, was in unseren Mädchen stecken kann!» Wieder ein gutgemeinter Klaps auf Irenes Rücken und viele gute Wünsche erhält sie beim Abschied von Fräulein Brun.

Irene hält das Telegramm in den Händen und liest: «komme abends fünf uhr in zürich an stop kathy.» Nun aber muss sie energisch hinter die Arbeit gehen, damit ihr Gast empfangen werden kann. Hier wird noch ein wenig Staub gewischt und dort ein Möbelstück verschoben. An das Einkaufen der Nahrungsmittel muss auch gedacht werden. So viel Ungewohntes gibt es auf einmal zu tun. Ungewohnt ist auch der Besuch in ihrer Wohnung, denn bis jetzt waren es nur die nächsten Verwandten, die davon Gebrauch machten.

Gegen Abend fängt es an zu schneien. Die Hausdächer sind schon weiss. Schnee liegt überall auf den Strassen und Trottoirs. Beim Laufen fühlt man sich wie auf einem weichen molligen Teppich. Die ganze Stadt ist wie umgewandelt, Weihnachtsstimmung herrscht überall. Mit Behagen atmet Irene die kalte frische Schneeluft ein, während sie dem Hauptbahnhof zustrebt, um ihre Kathy abzuholen. Der Zug muss Verspätung haben, denn er kommt noch nicht. Den Mantelkragen hochgestülpt, beide Hände in den Taschen vergraben, schaut sie interessiert dem regen Treiben zu. Reisende, viele die an die Winterkurorte fahren, steigen um. Mit Koffern beladene Dienstmänner jagen umher und am Bahnhofausgang stehen die Zeitungsverkäufer und rufen ununterbrochen ihre Zeitungen zum Verkauf aus. «Tat», «Tat», «Tat», «Sie und Er», «Sie und Er», «Neue Zürcher Zeitung», «Neue Zürcher Zeitung», tönt es. Weiter vorn an der Ecke der Bahnhofstrasse stehen die Heilsarmeebläser und spielen «Stille Nacht, heilige Nacht.» Dieses Bild der Stadt Zürich kurz vor dem Weihnachtsfest muss man erlebt haben. Die Strassenbahnen kreischen über den Bahnhofplatz, Fussgänger und viele Autos geben dem Verkehrspolizisten grosse Arbeit. Der Spruch: «In Zürich wird nicht gehupt», gilt nicht für diesen Abend, zu gefährlich ist die Sicht in diesem Schneegestöber. Schon brennen die Strassenlampen.

Der Zug fährt ein. Kathy winkt aus dem geöffneten Wagenfenster. Irene bahnt sich einen Weg durch die vielen ankommenden Reisenden hindurch und geht auf ihre Freundin zu: «Wunderschön, dass du gekommen bist.» – «Liebstes Kind, ich freue mich doch auch.» Zärtlich küsst sie Irene auf beide Wangen. Die blauen Augen sind nass vor Wiedersehensfreude. Der Gepäckträger nimmt die Koffer mit und führt sie zum Ausgang, wo die Taxis stehen. Rasch passt sich Irene wieder Kathys Schritten an.

Diese trägt dunkle, blau gestreifte Beinkleider und eine Persianerjacke mit elegantem Schnitt. Die Füsse stecken in Après-Ski-Schuhen aus Seehundfell. Kathy ist wie immer ohne Kopfbedeckung. Ein seidenes Tuch trägt sie in der Hand. Die langen gewellten Haare fallen weich auf den hochgestellten Jackenkragen.

Während der Taxifahrt dem Limmatquai entlang fällt es Irene wieder auf, wie sehr doch Kathy ihrem Idealbild entspricht. Dieses Idealbild war stets: gross, schöne Figur, lange kräftige Hände, ein sicheres Auftreten, dunkle wohlklingende Stimme, liebe zärtliche Augen und ein schmales Gesicht mit etwas scharfen Zügen. Lustig und fröhlich müsste ihre Freundin sein und wiederum tiefernst und etwas rätselhaft. Sie sollte in der Liebe mehr Erfahrung haben als sie selbst hat. Gerade so ist Kathy, die Künstlerin und Dirigentin ihrer eigenen Kapelle. Die Grübchen in ihren Wangen verschönern das etwas blasse Gesicht. Kathy sieht müde und abgespannt aus, kein Wunder. «Ich muss doch arbeiten, Kind», sagt sie. «Von was sollen wir denn leben? Das Schwierigste in unserem Beruf sind die Konzertlokale im Winter. Die Luft ist immer voller Rauch und ungesund. Gerade in Berlin hatten wir jetzt bis zwei Uhr nachts in einem solchen Lokal zu spielen. Zudem war es noch lärmig und ungemütlich. Aber jetzt bei dir werde ich mich erholen können. Wie sehr freue ich mich darauf.»

Irene macht das Abendessen fertig und giesst den Kaffee auf. Dann sagt sie zu Kathy: «Wenn, du willst, lasse ich dir nachher das Badewasser einlaufen!» «Und ob ich das will!» Kräftig beissen Kathys Zähne in die

Brötchen, ihre Augen gehen überall hin. «Ganz nett hast du es hier!» Vor sich hat sie die breite Doppeltüre, die zum Balkon hinausführt. Die Gardinen passen gut zu den dunkel gebeizten Edelholzmöbeln. Das Buffet ist breit und hoch. Wertvoll sind die geschliffenen kleinen Fenster und auch die kunstvolle Holzverzierung. Büchergestell und Radiotisch sowie der massive Tisch in der Mitte der Stube sind aus demselben Holz gearbeitet. Die hohen Stühle haben noch die alten gehämmerten Messingknöpfe, die das Leder festhalten. Irene liebt diese Möbel sehr, es sind alles Stücke aus dem Elternhaus, so auch das dunkle Klavier rechts an der Wand.

Kathy betrachtet die aufgehängten Bilder und sagt: «Das ist ein sehr schönes Bild hier, dieses Aquarell. Woher hast du das?» – «Ein Maler aus Zürich hat es gemacht. Ich bin mit ihm und seiner Frau befreundet.» Dann schaut sie zu der Schlafnische hin, die recht heimelig ist. Die Decke über der Couch und die buntfarbenen Kissen passen gut zueinander. An der Wand hängt ein kleines reizendes Bild, Irenes Lieblingsbild. Es stellt den Alpsegen dar. Noch scheint die Abendsonne auf die grüne Bergwiese, auf der eine Gruppe von Männern und Buben versammelt ist. Sie stehen vor einem hohen Holzkreuz, ihrer Haltung nach beten sie. Die Männer tragen braune Tuchhosen und kurzärmelige mit Stickerei verzierte Jacken. Die Buben sind in weissen Hirtenhemden und barfuss. Der Eine führt an der Hand eine Ziege, die mit gesenktem Kopf dasteht, als wüsste sie, worum es geht. Auch das Aquarell von diesem Zürcher Maler stellt ein Stück Landleben dar. Ausruhen kann man sich, wenn man es länger betrachtet. Das Wasser, das aus einer langen Brunnenröhre fliesst, in den markanten Dorfbrunnen plätschert, dahinter das Riegelhaus mit den gelben Sonnenblumen im Garten, die Geranien am Fenster, die Hühner, die ihr Futter suchen, und die Tauben auf dem Dach wirken so natürlich und lebendig.

«Willst du noch etwas, Kathy?» – «Danke, jetzt bin ich restlos bedient.» Kathy schaut umher und fragt: «Du, wo soll ich denn schlafen?» Irene deutet in die Nische und sagt: «Hier, ich selbst werde drüben im kleinen Zimmer sein.» Sie räumt das Geschirr weg und besorgt noch einiges in der Küche. Kathy hat sich ins Badezimmer begeben und summt die Melodie eines Schlagers. Leise, in einem langen rotkarierten Morgenrock und in Hauspantoffeln kommt sie nachher in die Küche, stellt sich hinter Irene, legt die Hände auf ihre Schultern und spricht: «Komm jetzt, komm zu mir, lass mich nicht allein, so bekomme ich doch Heimweh!» Sie legt sich hin. Cigaretten und Aschenbecher werden auf das Tischchen neben dem Bett hingestellt. Kathy ist zu gross, das Bett ist zu kurz. Mütterlich lieb wickelt ihr Irene eine warme Decke um die langen schmalen Füsse. Die leuchtenden Wandlämpchen geben dem Raum etwas Geheimnisvolles, Bezauberndes. «Erzähle mir, wie es dir gegangen ist, seitdem wir uns das letzte Mal gesehen haben. Schreiben, das ist ja nicht deine Stärke, und so weiss ich sehr wenig von dir und deinem Alltag!»

Auf dem Bettrand sitzend erzählt Irene und erwähnt auch, wie sie es anstellen musste, um über diese Tage freizubekommen. Sie berichtet über die Freude, die sie jedes Mal erlebt hat, wenn ein Brief von ihr eingetroffen ist.» – «Du musst mich verstehen», sagt Kathy. «Auch ich kann nicht immer schreiben. Einmal sind wir da, einmal sind wir dort. Dann habe ich doch meine Fritzi. Ich will sie nicht unnötig ärgern!» – «Fritzi, ja weiss sie denn, dass du zu mir gereist bist?» Kathy schüttelt den Kopf und sagt: «Nein, das weiss sie nicht. Sie glaubt, ich wäre zu meiner Freundin nach Amsterdam gefahren. Sie selbst ist jetzt bei ihrer Mutter in Haarlem. Wir treffen uns in zwei Wochen in Rotterdam. Dort sind wir für einen Monat verpflichtet.» – «Oh, sie weiss nicht, dass Du zu mir gekommen bist?», fragt Irene etwas besorgt. «Ach ja, gelegentlich werde ich es ihr schon sagen. Aber denken wir jetzt doch nicht an Fritzi, jetzt bin ich bei dir.»

Während des Erzählens erkundigt sich Kathy noch, wo die Hauserstrasse sich befinde. Sie hätte dort zwei Freunde, denen sie Grüsse aus Holland überbringen solle. Dann sagt sie, sie werde am Morgen versuchen, Harry und Peter telefonisch zu erreichen. «Willst du nicht schlafen, Kathy? Du wirst von der langen Reise wohl sehr müde sein?» – «Bleibe bei mir Irene, lass mich nicht allein!»

«Bleibe bei mir, lass mich nicht allein», diese Worte spricht Kathy am nächsten Tag, am übernächsten Tag. Sie sagt sie immer, auch wenn Irene nur für kurze Zeit weggehen will, um das Essen einzukaufen. Sie ist wie ein grosses verwöhntes Kind, das umhätschelt sein will. «Verwöhne mich doch ein bisschen, das tut doch Fritzi auch.»

Wie vorgenommen, hat Kathy ihre Freunde telefonisch benachrichtigt und mit ihnen ein Zusammentreffen in der Stadt auf den nächsten Tag verabredet. Irene kommt vom Einkaufen zurück. Es ist schon neun Uhr vorbei. Kathy muss ihr Rendez-Vous vergessen haben. Irene geht auf das Bett zu und weckt ihre Freundin aus dem Schlaf. «Hallo grosser Bär, aufstehen sollst du jetzt. Hast du heute Morgen nicht die Verabredung mit Harry und Peter?» – «Verflixt, das habe ich ganz vergessen!» Kathy springt aus dem Bett, rennt umher und ruft in die Küche hinein: «Irene, bring mir meine Schuhe. Wo sind die Strümpfe, wo ist die Bluse?» Während Irene das Frühstück fertig zubereitet, ruft Kathy wieder: «Bitte komm her, mache mir die Knöpfe zu. Du sollst mir übrigens immer gehorchen und immer das tun, was ich will!» Jetzt lacht Irene und erwidert: «Du lieber Gott, was bist du jetzt für ein Tyrann. Du bist doch nicht mein Mann und ich deine demütig gehorchende Frau. Nun denn, mein grosser Gebieter, das Frühstück ist fertig!» Noch etwas Rouge legt Kathy auf ihre Wangen, dann fährt sie mit dem Lippenstift den Linien ihres schön gezeichneten Mundes nach, das bewirkt, dass sie weiblicher erscheint. Noch einen Kuss auf Irenes Wangen und fort ist sie.

Langsam kommt Irene wieder zu sich selbst. Sie macht Ordnung und räumt die herumliegenden Sachen zusammen. Hier ist ein Strumpf, der andere liegt unter dem Bett. Dort am Boden liegt der Pyjama, hingeworfen, verlassen. Die Zahnpasta-Tube ist noch offen, die Wände sind verspritzt vom Zähneputzen. Das Handtuch, irgendwo liegt es in einer Ecke: zusammengeknüllt und nass. «Du meine Güte», denkt Irene, «wo fange ich nur zuerst an?» Wie peinlich sauber musste immer alles sein. Jedes Ding an seinem Platz, kein Stäubchen auf dem Buffet und jetzt... Sie fährt mit dem Schürzenzipfel über die verstaubten Möbel. «Lass doch», sagt jedes Mal Kathy, wenn sie diese Hausfrauenarbeit verrichten will. Nur vier Tage sind es, seit Kathy in ihrem Heim weilt. Vier Tage, eine Ewigkeit. Was hat sich nicht alles in dieser Zeit ereignet. Kathy ist rätselhaft, nichts lässt sich mit dem Gewesenen in Luzern vergleichen. Immer noch hört Irene die zärtlichen Worte an ihrem Ohr, «sag es mir, sag es mir, wenn du glücklich bist. Irene, wie sehr liebe ich dich!»

An den Nachmittagen musizierten sie zusammen oder sassen beim warmen Ofen und erzählten sich wieder aus ihrem Leben. Wie damals konnte Kathy nicht begreifen, warum sich Irene die jungen Jahre so schwer und kompliziert gemacht hat. Sie sagt wieder: «Was können wir dafür, wenn wir so geartet sind? Was können du und ich dafür? Wir haben uns nicht selbst in die Welt gesetzt, es waren unsere Eltern. Und haben wir nicht auch ein Recht auf Liebe und auf Glück? Jetzt aber, jetzt denkst du anders. Wie bist du denn zu diesem Andersdenken gekommen?» Sie kamen auch auf die homosexuellen Männer zu sprechen. Harry und Peter gehören dazu und beide wären doch gute und wertvolle Menschen. Mit Irenes Urteil über gewisse Arten und Unarten gibt sich Kathy nie zufrieden. Sie sagt: «Du sollst vorsichtiger sein mit deinem Urteil. Weisst du denn, warum man hie und da zum Alkohol greifen muss, um in diesen Dingen Vergessen zu suchen? Kennst du diese Not und diese Verzweiflung?»

Ob Kathy ganz glücklich ist, fragt sich jetzt Irene wieder. Sie glaubt es nicht, denn nur zu gerne möchte sie anders sein. Das Rätselhafte ist wohl, wie diese Frauen die Liebe empfinden, die Liebe wie ein Mann erleben wollen und darin verloren gehen. Weinen, aus tiefstem Herzen heraus könnte man weinen über einen solchen Leib. Und dann kann es niemals Kathys Befriedigung sein, immer diese Unterhaltungsmusik zu spielen oder Schlagerlieder zu singen. Niemals wird Irene das glauben können, dass das Singen dieser oft schnulzigen, sinnlosen Worte ihre Freundin glücklich machen kann. Jetzt, wo sie alleine ist ohne Kapelle, sind es nur klassische Stücke, die sie wählt. Chopin, Schuhmann, auch Beethoven, gehören zu den bevorzugten Komponisten. Warum, warum nur hat sie nicht diesen Weg gewählt? Ein kurzes Klingeln am Telefon. «Liebling, Kind, ich bin circa um fünf Uhr wieder zurück.» – «Ja, ja, es ist schon so, ich habe Heimweh!» – «Ist es denn nicht nett mit deinen Freunden zusammen?» fragt Irene. «Oh doch, doch weisst du, das ist etwas ganz anderes!»

Auf dem Balkon steht seit einigen Tagen ein kleines Tannenbäumchen. Das holt Irene jetzt herein, nachdem sie es beinahe vergessen hatte. Sie stellt es auf ein Tischchen in die Ecke der Wohnstube. Aus Mutters alter Truhe kramt sie den Christbaumschmuck hervor, die kleinsten Kugeln werden ausgesucht. Die Krippe mit dem Jesuskind, Maria und Joseph, die heiligen drei Könige und die Tiere, die dazu gehören, sind auch noch vorhanden. Sie ordnet das Ganze zu einer Gruppe unter dem Bäumchen. Nachdem die letzte Kerze aufgesteckt ist, begibt sie sich in die Küche und macht ein kleines Festessen zurecht. Hierauf wird der Tisch dekoriert und eine Flasche Rotwein an die Wärme gestellt. Das schönste Kleid nimmt Irene aus dem Schrank. Für das Frisieren der Haare und das Make-up des Gesichtes gibt sie sich grosse Mühe. Sie darf zufrieden sein. Aus dem Spiegel leuchten ihr die dunkeln strahlenden Augen entgegen, die Haut ist glatt und gespannt. Nur um die Augen sind die hartnäckigen Lachfältchen nicht wegzubringen. Das dunkle Haar mit den vereinzelten Silberfäden glänzt vor Gesundheit. Es glänzt wie Perlen von feinster Qualität in ihrem Lüster. Eine reife Frau, wieder aufs Neue dankbar über die Erfüllung ihrer Sehnsucht, steht vor dem Spiegel und wundert sich über die innere und äussere Veränderung. «Das ist dein Werk, Kathy», flüstert Irene, «dein Werk deiner grossen Liebe. Mein Gott, wie sehr liebe auch ich dich!»

An der Hausglocke wird Sturm geläutet. Kathy kommt die Treppe hinauf, zwei, drei Stufen überspringend. Ein Hauch von frischer, kalter Luft hängt auf ihren Kleidern. Sie legt einen Strauss blassroter Nelken in Irenes Arme mit den Worten: «Hier, liebe Frau, habe ich etwas mitgebracht!» – «Du bist ja verrückt, solch wunderbare Blumen in dieser Jahreszeit!» Andächtig küsst Irene die duftenden Blüten. Ergriffen über so viel Dankbarkeit und Freude sind ihr die Tränen nahe. Kathy wendet sich ab, auch sie ist bewegt. Plötzlich klatscht sie in die Hände und ruft: «Was ist denn los? Was soll der festlich gedeckte Tisch? Was soll dein schönes Kleid?» – «Nur ein kleines Festchen für uns Beide», sagt Irene. «Es ist doch immer noch Weihnachten. Willst du das?» – «Und ob ich das will!», ruft sie wieder wie am ersten Abend ihrer

Ankunft. «Ich bin ja auch verrückt», denkt Irene, nachdem sie Kathys Pantoffeln hervorgeholt hat und ihr die kalten Füsse reibt und wärmt. Die brennenden Kerzen verbreiten einen angenehmen Tannennadeln-, Harz- und Waldgeruch. Das Holz knistert im Ofen, der Wein wärmt und macht froh. Kathy setzt sich ans Klavier, um einige Weihnachtslieder zu spielen. Irene begleitet sie mit ihrer Singstimme. «Weihnachtslocken klingen durch die stille Nacht und mit ihrem Schwingen alles froh erwacht! Denn das holde Kindlein, in dem harten Kripplein hat in dieser Nacht uns das Heil gebracht! Ehre sei Gott, Ehre sei Gott in der Höhe!» Ein Buch holt Irene aus dem Büchergestell, schlägt die Seiten auf und fängt zu lesen an: «Zünde fröhlich dein Bäumchen an. Es sind wirklich nicht nur die paar armseligen Kerzlein mit ihrem dürftigen Licht und nicht nur die paar grossen oder kleinen Geschenke und der halb freundliche, halb wehmütige Abend, den du mit den Deinen oder auch alleine erlebst. Es ist etwas hinter Allem. Er ist da, Jesus Christus. Also wir zünden nicht nur in unserem eigenen Namen Kerzen an, um es für ein paar Stunden ein wenig hell zu haben, und nachher ist alles wieder wie vorher, sondern: «Er ist da und sagt uns, dass er selber das Licht sei für die Welt...» Kathy hört interessiert zu. In sich selbst vertieft, hat sie die Hände ineinander gefaltet, die ruhig auf dem Schosse liegen. Ausser in ihrer Kindheit kann sie sich nur wenig an eine frohe und sinnvolle Weihnachtsfeier erinnern. Ein dankbarer Blick geht jetzt zu Irene hin. Diese legt das Buch wieder weg. Lange bleibt es still. Ein Kerzlein um das andere verlöscht, bald wird es dunkel sein.

Jetzt fängt Kathy zu erzählen an. Sie geht weit zurück in das Paradies ihrer Kindheit. Die sei froh und voll Sonnenschein gewesen. Im gemeinsamen Glück ihrer Eltern konnte sie aufwachsen und wurde als einziges Kind auch sehr geliebt und verwöhnt. Schon sehr früh zeigte sich in ihr ein ausgeprägter Sinn für die Musik. Mit zehn Jahren spielte sie schon ganz gut und war ausserordentlich begabt. Ein berühmter Musiker verstand es, diese Begabung zu fördern und zu leiten. Später durfte sie dann in eine private Musikschule eintreten. Wenig befriedigend, erzählt Kathy weiter, wäre mit der Zeit ihre äussere Erscheinung geworden.

In den Entwicklungsjahren wurde sie immer grösser und schmaler. Arme und Füsse wuchsen besorgniserregend weiter. Ein typisch schlaksiges Mädchen, das mit den langen Armen und Beinen nichts anzufangen wusste, entwickelte sie sich zu einem etwas schwierig zu ertragenden Menschen. Das glaubte auf jeden Fall ihre Mutter, die sich mit dieser Erscheinung irgendwie betrogen fühlte. Vieles hatte sie mit ihrer einzigen Tochter vorgehabt. Die Enttäuschung zeigte sie offen. Kein Wunder, wenn sich das Verhältnis zwischen ihnen zusehends verschlimmerte. Sie fingen an, sich auseinanderzuleben. Anders war das Verhältnis zum Vater. Solange er lebte, war das Zuhause erträglicher. Leider wurde er schwer krank und starb verhältnismässig jung. Durch seinen Tod verstarb auch die letzte Bindung an das Elternhaus. «Es war ein furchtbarer Schlag für mich. Lange war ich wie gelähmt. Letztendlich siegte dann doch meine Jugend und das Ziel, das ich in meine Zukunft setzte. Ich wollte Musikerin, grosse Künstlerin werden. Energisch und zäh versuchte ich dieses Ziel zu erreichen. Ich machte gerade mein Musikdiplom, als das Schicksal nochmals auf mich einschlug. Nach Vaters Ableben stellte es sich dann bald heraus, dass der grösste Teil unseres Vermögens verloren war.»

«Ach nein», sagt Kathy, «das Verhältnis zu meiner Mutter besserte sich erst ein wenig, als sie später auf meine Hilfe angewiesen war. Vorerst hatten wir uns für einige Zeit getrennt.» Das sei gewesen, als sie Fritzi kennen gelernt habe und mit ihr zusammen eine Kapelle gründete. «Ich hatte sehr wenig Aussicht auf eine andere Verdienstmöglichkeit, das Pech verfolgte mich. Wahrscheinlich lag es auch an meinem Äussern, an meiner Erscheinung.

Meine Mutter fand bald heraus, dass die Zuneigung zu Fritzi aussergewöhnlich war, und so gab es wieder Differenzen, worauf wir uns trennten!» Kathy erzählt weiter, wie sie durch die Verbindung mit Fritzi freier geworden sei. Das Selbstvertrauen sei gewachsen, dazu ein grosses Quantum Selbsterhaltungstrieb und Energie zur Selbständigkeit. «Zuerst waren es nur drei, dann vier Musikerinnen. Mit der Zeit vergrösserte sich das Unternehmen zu dem, was es heute ist.»

Irene hat Kathy während des Erzählens nicht unterbrochen, sie hatte ja immer so etwas geahnt, nur fragen wollte sie nie. Sie war sicher, Kathy werde von sich aus einmal darüber sprechen. Nun fragt sie: «Lebt sie noch, deine Mutter?» – «Nein, vor acht Jahren ist sie gestorben. Wir haben uns später ausgesöhnt. Dankbar hat sie immer meine Hilfe angenommen.» Irene macht Licht, zündet die Stehlampe an und wirft noch Holz in den Ofen. Es ist beinahe kalt geworden. Lange bleibt es still. Wieder findet Kathy den Weg aus dem bedrückenden Schweigen hinaus, indem sie ruft: «Komm Kind, komm, hier ist noch Wein in der Flasche. Lass uns an etwas anderes denken und trinken wir auf unsere glückliche Gegenwart!»

Die Kirchenglocken des Grossmünsters verkünden den Sonntag. Irene ist erwacht, leise zieht sie sich an, besorgt, was zu besorgen ist, und geht aus dem Hause, um die Milch zu holen. Noch ist es kalt und eisig. Der Apfelbaum vor dem Haus steht im schönsten weissen Kleid. Durch die Kälte sind die Zweige bis an die äussersten Spitzen mit Schnee und Reif bedeckt. «Einen schönen, aber kalten Tag wird es heute geben», denkt Irene und macht sich einen Plan für den Nachmittag zurecht. Unmöglich kann sie es heute wieder dulden, dass Kathy den ganzen Tag zu Hause bleibt. An die frische Luft muss sie, denn erschreckend blass wirkt manchmal ihre Gesichtsfarbe.

Bis zum Nachmittag sitzen sie beisammen. Kathy spielt Irenes Lieblingsstücke die «Barcarole» aus Hoffmanns Erzählungen und das «Largo» von Händel. «Du», sagt sie plötzlich aus ihrem Spielen heraus, «beinahe hätte ich es vergessen, Peter hat uns auf den Dienstag zu sich nach Hause eingeladen!» – «Uns? Kannst du nicht alleine hingehen, du weisst doch, überallhin würde ich dich begleiten, nur nicht zu diesen Männern. Ich mag das nicht!» Kathy wird ungeduldig und sagt darauf: «Was heisst das, ich mag das nicht? Natürlich kommst du mit, du sollst diese Menschen einmal kennen lernen, du gehörst doch auch dazu. Bist du denn feige?» – «Vielleicht», gibt Irene kleinlaut zu.

Ihren Plan, den sie sich für den Nachmittag zurechtgelegt hat, findet sie gut. Wohl sträubt sich Kathy, denn sie möchte viel lieber zu Hause bleiben. «Lass uns doch bei dir bleiben, es ist so gemütlich hier.» Alle Ausreden nützen ihr nichts. Hartnäckig hält Irene an ihrem Vorhaben fest. Auf die ängstliche Bemerkung über das blasse Aussehen Kathys sagt diese nur: «Dummheiten, ich sehe doch immer so aus. Mach dir keine unnützen Sorgen, Kind. Das ist doch meine Art.»

Mit der Strassenbahn fahren sie aus dem Zentrum der Stadt bis zum Bucheggplatz. Dort steigen sie aus. Irene führt ihre Freundin nicht über die breite Waidstrasse zur Waid, sondern sie marschiert mit ihr über den Waldweg durch das Käferholz den Berg hinauf. Der winterliche Wald nimmt sie auf. Der Schnee knirscht unter den Füssen, die Luft ist wunderbar rein und kalt, Bäume und Sträucher sind tief verschneit. Überall herrscht grosse Ruhe, nur das Knistern der Zweige ist hörbar. «Wie im Märchen», sagt Kathy. «Schau einmal das schön gewachsene Tannenbäumchen. Unzählige Sternchen hängen daran, und hier, sind das nicht Spuren von einem Reh?»

Wie sie aus dem Wald heraustreten, plötzlich auf dem Waidplatz stehen, und die ganze Stadt zu ihren Füssen liegt, da findet die Begeisterung über die einmalige bezaubernde Aussicht keine Grenzen. «Schön, wunderbar schön ist es hier», das sind die Worte, die Kathy bei diesem Anblick ausruft. Sie hat schon recht. Einen sehr schönen Anblick bietet die Stadt von der Waid aus gesehen. Es dämmert schon. Viele bunte Lichtreklamen, die zum Teil schon beleuchtet sind, bezeichnen das Limmatquai. Die Bahnhofstrasse zieht sich wie eine gerade Linie zwischen hohen Geschäftshäusern hindurch. Über den Zürichsee hinweg sieht man die Umrisse der Glarner Alpen.

«Was ist das hier für ein Licht auf dem Berg?» fragt Kathy und deutet zum Uetliberg hin. Irene erklärt, dass dieses Licht vom Aussichtsturm kommt und schildert die genussvolle Wanderung über den Bergkamm bis zum Albishorn. «Das könnten wir doch einmal machen, solange, ich noch hier bin», meint Kathy. Sie könne gut bergsteigen, obwohl in Holland alles flach sei. «Aber weisst du, dafür haben wir das Meer. Das Meer in seiner Vielfalt der Farben und Stimmungen ist für uns das Schönste. Wir lieben das Meer, so wie ihr Schweizer eure Berge und Seen liebt.» Links vor ihnen liegt der Zürichberg. Irene weist auf die Bauten der Universität, Hochschulen und der vielen Kliniken nebst dem grossen modernen Bau des Kantonsspitals. «Ob man hier in Zürich so fromm sei», fragt Kathy. «Warum das?» – «Weil es so viele Kirchen hat!» Irene lacht und sagt: «Nicht frömmer als die Holländer, das will noch lange nichts heissen.» Dann erklärt sie weiter, dass die beiden markanten Kirchtürme zum Grossmünster gehören und das Wahrzeichen Zürichs seien. «Wir gehen zusammen hin. Oh, so vieles möchte ich dir noch von Zürich zeigen!» Sie überqueren ein grosses Bau-Areal. «Was wird denn hier gebaut?» – «Das gibt unser neues Stadtspital. Ist das nicht eine herrliche Lage?»

Kathy erzählt, während sie zum Waidrestaurant gehen, um sich mit einem heissen Tee zu wärmen. Sie sei mit ihren Freunden Harry und Peter durch die Bahnhofstrasse gegangen. Aufgefallen seien ihr die grossen, modernen Geschäftshäuser, die einladenden Verkaufslokale und die wunderschönen Auslagen. Imponiert hätten ihr auch die vielen grossartigen Autos, welche die Bahnhofstrasse durchfuhren. «Für uns Ausländer, nach dem Krieg, ist das ein Zeichen enormen Reichtums. Die Schweiz ist ein Paradies. Gibt es nur reiche Leute hier?»

Irene bleibt still. Sie denkt in diesem Moment an die Armut der alten Leute, jener Frauen und Männer, die aus den Mansardenzimmern flüchten, um die geheizten Lokale, worin sie tätig ist, aufzusuchen, die ihnen Wärme spenden. Sie denkt an die Armut der Bergbewohner, sieht in Gedanken die verkümmerten Gesichter von Alt und Jung. Erinnert sich aber auch an den Ärger, den es ihr jedes Mal bereitete, wenn sie zusehen musste, wie unvernünftig öfters die Menschen dort die köstliche Bergluft und die warme Sonne hartnäckig vor geschlossenen Fenstern absperren. Nie konnte sie das begreifen. Vielleicht aus Sparmassnahmen, damit die Wärme in den Stuben bleibt. Ist es da noch zu verwundern, wenn die Kinder, die in solch verbrauchter Luft atmen müssen, einmal erwachsen sind, und die Härte des Lebens an sie herantritt, keinen Widerstand leisten können und nur zu oft den Krankheiten zum Opfer fallen. Luft, Licht und Sonne, das schenkt der liebe Gott. Dies kostet also nichts. Ein Problem allerdings besteht verschiedentlich noch mit dem Wasser. Oft muss es ausserhalb des Hauses geholt werden und ist in gewissen Jahreszeiten sehr knapp bemessen.

«Stimmt es nicht?», fragt nun Kathy: «Lebt ihr hier nicht wie im Paradies?» Irene erwidert darauf: «Ist schon gut, Kathy. Jedoch auch bei uns fliegen einem die gebratenen Tauben nicht in den Mund. Jeder muss sich anstrengen, fest arbeiten, um anständig leben zu können!»

Das Wetter hat sich geändert. Der Schnee ist weg, nur hie und da sieht man noch dunkle Überreste am Wegrand liegen. Keine Sonne zeigt sich, grau ist der Himmel und ein feuchtkalter Wind fegt um die Ohren. Weit drüben am Ende der Stadt, am Fusse des Uetlibergs, wohnt Peter. Er wohnt mit Harry zusammen in einem weiss gestrichenen Einfamilienhaus. Eine Steintreppe führt von der Strasse durch den Garten hinauf. Das Laub am Boden ist nass und mit halbzerronnenem Schnee bedeckt.

Peter steht am Fenster und schaut über den Garten hinweg auf die Strasse. Voller Neugier ist er über Kathys neue Freundin. «Ja, ja,», denkt er jetzt, «die Frauen machen es nicht besser als wir Männer. Auch sie nehmen es mit der Treue nicht allzu genau. Fritzi soll nicht wissen, dass Kathy ihre Ferien in Zürich verbringt.» Freunde gehen zueinander, Freunde gehen auseinander. Viel Leid entsteht, wenn plötzlich eines der Partner das Interesse verliert und das andere allein zurücklässt. Peter selbst hat das schon zur Genüge erfahren. Es gibt kein Glück ohne Leid. Aber um des Glückes willen versucht man immer wieder, eine Zweisamkeit zu schaffen. Sein Partner ist Harry, der für einige Tage beim Wintersport im Engadin weilt. Jetzt kommen Schritte daher. Kathys Stimme klingt an seine Ohren. «Puh, dieses ekelhafte Wetter. Ich bin, ganz erfroren!» Peter öffnet rasch die Türen und lässt die beiden Frauen eintreten. Alle lachen über die zerzausten Haare. Die Wangen Irenes sind rot. Kathy reibt sich die Hände und stampft mit den Füssen wie ein ungeduldig gewordenes Pferd.

«Verrückte Welt», denkt Irene etwas später, als sie Peter mit seiner umgebundenen Küchenschürze betrachtet. Sie denkt es auch im Moment, da er seinen selbstgebackenen Kuchen serviert. Mit so viel Geschick und Charme tut er das. Voller Begeisterung erzählt er von seiner Hausarbeit. Alles besorgt er selbst. Abends wird das Essen gekocht, damit es am folgenden Mittag nur aufgewärmt werden kann, wenn er vom Büro nach Hause kommt. Waschen, Flicken, Nähen sind seine Spezialitäten. Auch liegen drei Hemden im Flickkorb, an denen nächstens die Kragen und Manschetten ersetzt werden müssen. An Samstagen wird gewaschen und hat er Glück mit dem Trockenwerden der Wäsche, so wird am Sonntag gebügelt. Das Hobby aber wäre Sticken. Eine angefangene Stickarbeit ist im Stickrahmen eingespannt. Es soll einen Wandschoner geben. Das Motiv ist bezeichnend für seine Art. Peter strahlt und zeigt auf den Bodenteppich. «Die schönste Arbeit aber, die ich bis jetzt gemacht habe, ist dieser Bodenteppich!» Überrascht schauen Kathy und Irene auf dieses kunstvolle Werk. Peter darf darüber stolz sein, denn diese vielen Stunden und diese Geduld, die er dafür aufgebracht hat, sind keine Kleinigkeit. Zu alldem sieht die Wohnung wie ein Schmuckkästlein aus. Sie strotzt vor Sauberkeit.

Irene ergeht es eigentümlich. Sie denkt darüber nach, wie ungern und ungeschickt Kathy solche Arbeiten verrichtet. Auch sie selbst, wenn sie ehrlich sein will, hat dafür gar kein Talent. Für das Sticken schon gar nicht. Was für eigenartige Geschöpfe der liebe Gott in die Welt gesetzt hat. Hier, in einem Fauteuil sitzt jetzt Kathy. Die Beine, die in langen Hosen stecken, hat sie übereinandergeschlagen. Die linke Hand, und wie sie damit die Cigarette hält, den etwas zur Seite geneigten Kopf, wenn sie Peter zuhört, das schmale, rassige Gesicht, das alles sieht wirklich nicht fraulich aus. Ihr gegenüber sitzt Peter. Die Küchenschürze hat er mit einer Hausjacke vertauscht. Die Jacke gleicht im Schnitt und in der Farbe mehr einer Frauenjacke. Sein Gesicht ist weich und zärtlich. Wenn er lacht, dann lachen auch seine etwas schwermütigen Augen, und die Grübchen in Wangen und Kinn vertiefen sich. Sehr grossen Wert muss Peter auf seine Haare legen. Sie sind ziemlich lang und gewellt wie Frauenhaare. Die kleinen weissen Hände sind stets in Bewegung.

Irene ist sehr überrascht, wie sie diese beiden Menschen miteinander vergleicht. Man könnte wohl sagen, die Natur wäre hier eigentümliche Wege gegangen. Es ist, wie wenn die Körper ausgetauscht worden wären. Das Herz tut ihr weh und ein tiefes Mitleid erfüllt sie. Mitleid mit diesen an und für sich doch so prächtigen Menschen. Während sie die Grammophonplatten durchsucht, fallen Tränen darauf. Sie beherrscht sich, so gut ihr dies möglich ist.

«Suche einen Tango für uns, wir wollen tanzen.», ruft Kathy. «Hörst du es nicht?» – «Ja natürlich, ein Tango. Er wird gleich kommen!» Irenes Stimme klingt unnatürlich bei diesen Worten. Die Stimme ist zu laut, zu forciert fröhlich. Kathy horcht auf, erhebt sich und schreitet auf sie zu. «Was hast du? Du hast ja Tränen in den Augen!» – «Nichts habe ich, Dummheiten. Entschuldige, ich bin heute nur etwas nervös.» Rasch legt sie die Platte auf und schon erklingt die Musik aus dem Lautsprecher. «Wirklich Kathy, ich habe nichts!», wiederholt sie auf den fragenden Blick. «So nimm dich doch zusammen», tönt es etwas ärgerlich zurück. Ausgelassen fröhlich wird nun Irene. Sie tanzt mit Peter, sie tanzt mit Kathy. Zwischenhinein wird geraucht und getrunken. Peter erhebt wieder das Glas und stösst auf die Freundschaft an. «Unsere Freundschaft soll leben und nie enden!» – «Zum Donnerwetter, der ist aber gut!», Irene leert das Glas in einem Zug. Wieder dieser fragende Blick aus Kathys Augen.

Noch einmal an diesem Abend kommt die Verzweiflung und die Augen werden tränenschwer. Kathy tanzt mit Peter. Das Bild, das sich Irenes Augen darbietet, ist zu grotesk. Kathy führt und Peter lässt sich führen. Er liegt in ihren Armen wie ein zärtlich verliebtes Weib. Etwas später beginnt er mit dem Erzählen über seine Männerbekanntschaften. Hemmungslos tut er das, er kann ja nicht wissen, dass Irene hier ein Neuling ist. Darum möchte sie weg, einfach fort, auskneifen, denn sehr peinlich sind diese Geschichten zum Anhören. Kathy ahnt diesen Fluchtversuch. Ihre Augen blicken befehlend, als wollte sie sagen: «Nichts da, du bleibst hier und läufst nicht weg. Einmal musst du doch dieses Leben kennen lernen, du gehörst auch dazu!»

Unterdessen ist es sehr spät geworden. Schön, dass es noch Taxis gibt, die auch zu dieser Zeit noch verfügbar sind. Kein Wort wird auf der Heimfahrt gesprochen. Nachdenklich, sehr nachdenklich, sieht Kathy zum Fenster hinaus. Irene hält die Augen geschlossen und sehnt sich nach dem Zuhause. Dieser ungewohnte Abend hat ihr Gemüt durcheinandergebracht. Nein, nie wird sie dieses Leben mitmachen können.

Daheim in der Wohnung erfährt Kathy nach langem Bitten, was die Tränen in Peters Wohnung verursacht haben. «Ja ich weiss, ich weiss», sagt vorerst Irene. «Ich habe mich äusserst dumm benommen, das tut mir leid. Ich konnte nichts dafür, die Tränen sind einfach gekommen!» – «Aber um Himmelswillen, warum sind sie gekommen?» Irene gibt keine Antwort darauf. Erst später, nachdem es ganz dunkel geworden und im Zimmer so still ist, dass nur das Ticken der Uhr vernommen werden kann, fragt Kathy mit zärtlicher liebevoller Stimme: «Liebling, sag es mir doch, warum du bei Peter geweint hast.» Das ist zu viel. Irene kann nicht mehr. Aufschluchzend, die Arme um ihre Freundin legend, erfährt diese langsam, stockend auf äusserst taktvolle Weise den Grund der Tränen bei Peter.

Kathy ist totenstill. Die Verzweiflung kommt nun über sie. Unheimlich ist die Reaktion. Sie springt aus dem Bett, macht Licht, läuft umher, kommt auf Irene zu und rüttelt an ihren Schultern. Heiser ist ihre Stimme und voller Schmerz. «Ja du», ruft sie aus. «Verstehst du jetzt, dass es hie und da Momente gibt, wo man an sich selbst verzweifeln könnte und nach dem greift, was du so sehr verabscheust? Verstehst du jetzt, warum man Vergessen sucht in diesen Dingen wie Alkohol und Gift und oft zur Selbstbetäubung greifen muss? Verstehst du auch endlich, warum wir einander brauchen, einander helfen müssen? Alles damit man leben kann, damit wir leben können? Verstehst du das nun?» Diese Worte sind wie ein Aufschrei aus einem tief verwundeten Herzen heraus. Kathys Stimme ist voller Trotz und Auflehnung, verzweifelnd anzuhören. Wild reisst sie darauf Irene in ihre Arme. Unheimlich ist die Kraft.

Irene weiss nicht, wie ihr geschieht, sterben möchte sie für den geliebten Menschen, damit er leben kann. Zu Tode erschöpft liegt Kathy da und weint leise vor sich hin. Bis endlich das Weinen aufhört und die Augen vor Müdigkeit zufallen, ist es sehr spät geworden. Sind es die vielen Ereignisse, die in letzter Zeit in das Dasein eingegriffen haben? Ist es der nahe Abschied? Sind es die überaus glücklichen Tage und Stunden, oder der gestrige Abend, der plötzlich so schwer geworden ist und zu erdrücken droht?

Fast scheint es Irene unmöglich, alles auf ihr Lastende allein weiter tragen zu können. Plötzlich braucht sie Hilfe. Aus langjähriger Erfahrung weiss sie wohl, dass diese Hilfe nur aus dem inneren Verhältnis her zu Gott und der Kirche kommen kann. Schuldbewusst gibt sie es zu, in letzter Zeit in dieser Beziehung alles treulos vernachlässigt zu haben. «Ich will heute Morgen zur Kirche gehen», sagt sie sich und schon ist sie auf dem Weg in das Zimmer, um den Mantel zu holen. Leise, sehr leise tut sie das, um Kathy nicht zu wecken.

Vor dem Hinausgehen schaut sie nochmals zurück, und da fällt ihr das fahle wächserne Gesicht in den Kissen auf. An den Schläfen der hohen Stirne treten wieder die blauen Äderchen hervor und die Augen liegen tief in ihren Höhlen. Ist Kathy krank? Um Gotteswillen, was fehlt ihr denn? Irene ist erschrocken. Sie erschrickt aufs Neue, als Kathy die Augen aufschlägt und stöhnt. «Kathy, fehlt dir etwas? Hast du Schmerzen?» – «Es ist nur mein Herz!», spricht die müde, schleppende Stimme aus dem Bett. «Mein Herz meldet sich wieder, doch reg dich nicht auf, Kind. Begreifen kann ich es allerdings nicht, in letzter Zeit war alles ganz gut, und ich fühlte mich wohl und gesund.» – «Soll ich einen Arzt rufen?» Ob Irene einen Arzt rufen soll oder nicht, wird ihr bewusst, nachdem Kathy sich aufsetzt und nach Atem ringt. Die Hand presst sie auf die Herzgegend und stöhnt. Aus den Augen schaut die grosse Angst. Sie deutet auf den Koffer hin. «Bring mir, bring mir die Medizin?» Irene überreicht ihr die Tropfen, holt ein Glas mit etwas Wasser. Gierig greift Kathy darnach und trinkt es aus. Noch einmal kommt der entsetzliche Schmerz, Schweisstropfen stehen auf der Stirn, sie stöhnt wieder, der Herzkrampf will nicht enden. Irene versucht wiederholt, einen Arzt zu finden. Endlich meldet sich jemand. «Bitte sofort Friedengasse 3, bei Hasler!»

Der Arzt prüft die Medizin auf dem Tisch und fragt: «Sind Sie schon lange in Behandlung wegen Ihres Herzens?», «Ja», sagt Kathy, «doch in letzter Zeit war es wieder gut. Nervöse Herzbeschwerden, hat man mir gesagt und deswegen grosse Anstrengungen verboten, ebenso auch das viele Rauchen und den Genuss von starkem Kaffee. Wenn ich immer gehorche und sorgfältig lebe, dann fühle ich mich ganz gesund!» – «Nervöse Herzbeschwerden, gut, das mag gewesen sein. Das was Sie jetzt haben, ist kein Spass und setzt grosse Vorsicht voraus!» Was für Krankheiten sie bis jetzt schon gehabt habe, möchte er noch wissen und macht sich Notizen. Väterlich gütig ist seine Stimme und die Ruhe, die er ausströmt, erweckt grosses Vertrauen. «Ruhig liegen bleiben, ich komme Morgen wieder.» Irene begleitet ihn hinaus. «Wie steht es, Herr Doktor?» – «Sind Sie verwandt?» – «Es ist meine Freundin!» Ein langer, prüfender Blick aus den dunklen Augen. «Auf keinen Fall aufstehen. Vielleicht haben wir Glück. Dieser Krampf darf sich nicht oft wiederholen, das Herz ist zu sehr geschwächt.» – «Sie wollte in zwei Tagen nach Holland fahren. Die Frau ist Musikerin und hat dort zu spielen.» – «Niemals ist daran zu denken, das sehen Sie doch selbst. Berichten Sie mir sofort, wenn es schlimmer werden sollte. Andernfalls komme ich Morgen wieder.»

Die Stunden gehen dahin, der Wind peitscht den Regen an die Fensterscheiben. Am Tisch sitzt Irene vor einem an Fritzi angefangenen Brief und schaut weltverloren und wieder nach den richtigen Worten suchend den Regentropfen zu. Ein Telegramm wird sie noch aufgeben müssen mit dem Inhalt: «Kathy erkrankt – kann nicht reisen – Brief folgt.»

Gegen Abend stellt sie die Telefonnummer ihrer Arbeitsstätte ein und spricht mit Fräulein Brun. «Endlich», sagt diese, «lassen Sie einmal, etwas von sich hören. Sind Sie denn nicht in Stuttgart gewesen? Die Direktion hat schon gemeldet, Sie wären einige Male in der Stadt gesehen worden. Na, das können Sie dann dort selbst ins Reine bringen. Was? Nicht kommen? Menschenskind, was soll das heissen? Ich zähle jede Stunde, jede Minute bis Sie wieder da sind, damit ich von der vielen Arbeit erlöst werde, und Sie berichten nun, Sie könnten noch nicht kommen. Was ist denn passiert? Suchen Sie eine Lösung, wir brauchen Sie dringend!» –»Wir brauchen Sie dringend», ja das ist es wieder. Das Private muss ganz ausgeschaltet werden, um der Sache dienen zu können, um ihrer Sache dienen zu können. Sie soll Kathy ins Krankenhaus bringen, hat man am Telefon noch gesagt. Niemals, niemals wird sie das tun. Kathy bleibt bei ihr und alles andere muss ausgeschaltet werden.

Etwas von diesem Gespräch mit Fräulein Brun muss ihre Freundin aufgefangen haben, denn wie sie zurückkommt, sagt Kathy: «Irene, Kind, es tut mir schrecklich leid, dir solche Unannehmlichkeiten zu bereiten. Die Fritzi, siehst du, sie hat doch Recht gehabt mit ihrem ewigen Verbieten. Aber das Leben, wie sie es meint und von mir verlangt, ist ja auch kein Leben. Gar nichts darf man haben, nur arbeiten. Reisen darf man nur, wenn es für die Arbeit ist. Nein, nein, ich mag nicht mehr, ich bin so müde, so unsäglich müde von diesem Leben!» – «Du sollst dich jetzt nicht aufregen. Du darfst an gar nichts anderes denken, nur ruhig liegen bleiben. Bald wird alles wieder gut.» – «Mache mir nichts vor, du, ich weiss am besten, wie es um mich steht!» Einige Zeit darauf wird Kathy unruhig. Mit grosser Mühe versucht Irene sie zu beschwichtigen und auf dem Lager zurückzuhalten. «Ich muss weg. Ich muss zu meinen Kindern, unsere Tournee fängt an. Irene, ich muss hingehen, hilf mir, hier darf ich doch nicht liegenbleiben!»

In Haarlem, in der Hauptstrasse, wohnt Fritzi mit ihrer Mutter. Spät am Abend sucht ein Post-Eilbote die Häuserreihe ab, um die richtige Hausnummer zu finden. Er läutet im vierten Stock und die Türe wird ihm aufgemacht. Fritzis Mutter ruft ihm bereits entgegen: «Was ist denn los, warum wird man aus dem Schlaf geweckt?» – «Ein Telegramm für Ihr Fräulein Tochter!» – «Ein Telegramm, ist es denn so etwas Wichtiges? Das hätte bis Morgen Zeit gehabt!» Aus dem Zimmer kommt Fritzi über den Gang gelaufen. Auch sie ist aus dem Schlaf geweckt worden. «Ein Telegramm für dich!» Den Morgenrock lässig über die Schulter geworfen, reisst sie das Couvert auf. «kathy erkrankt – stop – kann nicht reisen – stop – brief folgt – irene hasler zürich». Fritzi starrt auf das Papier. «Bin ich denn verrückt? Kathy ist doch in Amsterdam!» Erst allmählich geht Fritzi ein Licht auf. Wie Schuppen fällt es von ihren Augen. «Darum ist sie nicht zu uns gekommen. Mein Gott, was wird nun werden. Was hat sie jetzt wieder angestellt? Niemals hätte ich diese Reise erlaubt, zu Fräulein Hasler schon gar nicht, denn ihre Gesundheit erträgt solche Strapazen nicht mehr.»

Niedergeschlagen kehrt Fritzi in ihr Zimmer zurück. Die Mutter folgt ihr nach und will sie trösten. «Warum regst du dich so auf? Du solltest doch wissen, dass Kathy immer das macht, was sie will. Dazu hat sie auch ein Recht!» – «Nein, nein, Mutter, es geht um unsere Arbeit, um unsere Existenz. In zwei Tagen fängt die Tournee wieder an, wir sind verpflichtet und müssen die abgeschlossenen Verträge einhalten. Was ist unsere Kapelle ohne

Kathy? Nichts, gar nichts. Grosser Gott, was wird nun werden?» Die Mutter tröstet sie weiter mit den Worten: «Du siehst zu schwarz. Warte einmal ab, bis der avisierte Brief erscheint, vielleicht ist alles gar nicht so schlimm!»

Fritzi kann daraufhin keinen Schlaf mehr finden, bis gegen Morgen hat sie den Plan zusammengestellt. Antonia, von Allen die Toni genannt, soll die Partien singen und spielen, die bis jetzt Kathy gehörten. Toni besitzt auch eine dunkle Stimme, die gleiche hohe schlanke Figur und verfügt über das Beherrschen jedes Instrumentes. Fritzi selbst will mit der Geige die Führung übernehmen. Bei Tagesanbruch werden an alle Musikerinnen Telegramme versandt, worin sie aufgefordert werden, einige Stunden früher zu erscheinen als vorgesehen.

Am Nachmittag hält Fritzi den Brief aus Zürich in den Händen. Sie liest unter anderem: «Es tut mir sehr leid, Sie mit solchen Nachrichten überraschen zu müssen. Erstens schon, dass Kathy erkrankt ist und ferner, weil sie ohne Ihr Wissen zu mir nach Zürich gefahren ist. Soeben ist der Arzt wieder hier gewesen, er ist nicht zufrieden, Kathy ist müde und hat keinen Lebenswillen mehr. Sie verweigert auch die Nahrung. Hier, liebe Fritzi, könnten Sie mir einen Rat geben. Sie kennen sie besser und länger als ich und wissen auch, was zu tun und zu lassen ist. Gerne würde ich Ihren Rat befolgen. Leider hat sie mit mir nie über ihr Herzleiden gesprochen. Sie war immer fröhlich und glücklich. Wohl liess mich das blasse Aussehen oft genug aufmerken und eine innere Stimme sagte mir, von ungefähr käme das nicht. Doch achtete ich weiter nicht genügend darauf. Und gerade das, nicht weiter und nicht genügend darauf geachtet zuhaben, werde ich mir nie verzeihen können. Meine Schuldgefühle und Vorwürfe sind gross!»

Während Fritzi den Brief ein zweites und drittes Mal durchliest, fallen Tränen darauf. «Kathy, meine grosse eigensinnige Kathy, was hast du nun von deinem Ausreissen? Vielleicht hätte ich dir diese Freude gegönnt. Meine Sorge war immer deine Gesundheit. Weisst du noch, wie ich damals in Luzern vor der Liebe zu Irene gewarnt habe? Es wäre nur meine Eifersucht, hast du damals erklärt. Auch Eifersucht, doch deine Gesundheit ging mir voran. Niemand wusste besser, wie es mit deinem Herzen bestellt ist. Dass dein Leben immer an einem dünnen Faden hängt, hat mir dein Arzt schon lange verraten und auch darauf aufmerksam gemacht. Nun bist du weit weg, ich kann nicht zu dir fahren, ich muss an unsere Verpflichtung denken. Beruhigter wird Fritzi, indem sie weiter darüber nachdenkt, dass Kathy wenigstens in guten Händen aufgehoben ist. Dass vielleicht die Liebe zueinander Sieger wird und sie zu neuem Leben anspornt.

Sie schreibt sofort zurück nach Zürich und fügt noch die Worte bei: «Es soll für Sie eine Beruhigung sein, wenn ich Ihnen schreibe, dass Kathy bei Ihnen ja gut aufgehoben ist, und auch, dass Sie nichts unterlassen werden, was zur Genesung beitragen kann. Das soll Sie von den Selbstbeschuldigungen etwas befreien. Vielleicht kehrt die Lebenskraft wieder zurück, wenn die Liebe Kathy zwingt, weiterzuleben» Fritzi schreibt noch, sie möchte sich keine Sorgen machen, sie selbst werde alles veranlassen, um die Kapelle aufrecht zu erhalten.

Der Brief wirkt tröstend auf Irenes strapaziertes Gemüt. Wie herzensgut muss diese Frau doch sein. Sie selbst erwartete Vorwürfe über Vorwürfe. «Ruhig liegen bleiben – alles genau befolgen, was ich anordne, dann sind wir bald über den Berg!», hat der Arzt heute wieder gesagt. «Was hat Fritzi geschrieben?», fragt Kathy. «Du sollst dir keine Sorgen machen, die Verträge würden eingehalten und alles wäre in bester Ordnung.» – «Bitte, lies ihn mir vor.» Nachdem Irene damit geendet hat, spricht Kathy beruhigt: «Das ist Fritzi, meine kleine tapfere Fritzi. Noch nie hat sie versagt.»

Die Tage reihen sich aneinander. Noch einmal macht sich der Winter bemerkbar. Während zwei Tagen schneit es und nachher wird es wieder kalt. Holz und Kohlen schwinden im Keller zu einem kleinen Häufchen. Jedermann ist froh, in der warmen Stube bleiben zu können.

Auf der Direktion von Irenes Arbeitsstätte herrscht trotz der Kälte eine heisse, explosionsartige Stimmung. Fräulein Brun hat sich erneut über Arbeitsbelastung beklagt, die ihre Kräfte überschreite, und dringend um Hilfe gebeten. «Kommt denn die Hasler noch nicht? Jetzt ist es aber genug. Warum schickt sie diese Ausländerin nicht in das Spital? Unverantwortlich ist ein solches Handeln.» Madame Monier ist äusserst wütend, sie gibt den Auftrag, Irene auf zwei Uhr ins Büro zu bestellen. Furchterregend wirken die von ihr ausgesprochenen Worte: «Wenn Fräulein Hasler ihre Arbeit nicht wieder aufnimmt, hat sie die Konsequenzen selbst zu tragen!» Diese Stimmung breitet sich über das ganze Unternehmen aus. Die bekannten Worte: «Einsparen, einsparen, wir sind wohl ein soziales Unternehmen, aber kein Wohltätigkeits-Institut», bekommen an diesem Morgen einige der führenden Persönlichkeiten zu hören. Der Teufel muss in der Hasler los sein, sagen sie sich. Was verlangt man doch alles von uns, das geht zu weit. Dafür reichen unsere Ideale nicht mehr aus.

Ein Geschäft ist es, ein Geschäft wie jedes andere private Unternehmen, und hat mit dem Sozialen gar nichts zu tun. Hol's der Kuckuck, diese Profithascherei und diese versteckten Machtinteressen. Wie verabredet findet sich Irene um zwei Uhr auf dem Direktionsbüro ein. Die frische Luft hat ihr gut getan. Tagelang ist sie nicht mehr von zu Hause weggekommen, und die Nächte, in denen sie den Schlaf entbehren musste, haben ihr äusseres Aussehen verändert. «Heute muss ich dich für kurze Zeit alleine lassen, ich habe eine dringende Besorgung in der Stadt zu machen», sagte sie am Morgen zu Kathy, während sie ihr die Haare kämmt. «Bleib nicht zu lange fort, ich habe immer Angst, wenn du nicht hier bist.»

Im Bureau wartet Irene. Das raue, metallene Organ der Madame Monier hört sie durch die Wände des Nebenraums, dies verspricht nichts Gutes. Jetzt geht die Türe auf. Nach kurzer oberflächlicher Begrüssung kommt man sofort zur Sache. «Also Fräulein Hasler, Sie werden morgen Ihre Arbeit wieder aufnehmen, lange genug sind wir Ihnen entgegengekommen. Ihr Urlaub ist abgelaufen. Auch können wir Fräulein Brun nicht länger zumuten, die viele Arbeit allein zu bewältigen.» Höchst überrascht über diese Überrumpelung sagt Irene etwas zaghaft: «Entschuldigen Sie, bitte entschuldigen Sie, es geht noch nicht!» – «Warum geht es noch nicht, was verpflichtet Sie denn, derart aufopfernd für diese Frau zu sorgen?» Gross und breit, mit hochrotem Gesicht steht Madame Monier da und fährt fort: «Diese Sache gefällt mir nicht. Auch hat man Sie verschiedene Male mit dieser Person gesehen. Gerade so geschmacklos ist es, mit Hosen herumzulaufen. Ist das jetzt ihre Tante, die Sie besuchen wollten? Ich kann Sie nicht verstehen, Fräulein Hasler, ausgerechnet Sie mussten auf eine solche Frau stossen. Und dann weiss man schon lange, wie oft unsere Ordnung kritisiert worden ist. Ja, ja, Sie hatten über Alles ja Ihre eigenen Ansichten!»

Mein Gott, auch das noch, denkt Irene, habe ich mich denn so in Fräulein Brun getäuscht? – «Damit wir zum Schluss kommen, fordere ich Sie nochmals auf, morgen um acht Uhr in unserem Betrieb, zu erscheinen. Tun Sie das nicht, so werden Sie die Konsequenzen ziehen müssen!» – «Ich habe bereits meine Konsequenzen gezogen», sagt Irene innerlich aufgeregt. «Ich trete aus den Unternehmen aus!» Das allerdings, das hat Madame Monier nicht erwartet. Nein, nein, eine solche Kraft darf man jetzt nicht ohne weiteres verlieren. Ausgeschlossen! Und dann fängt sie an, Irenes Entschluss zu bagatellisieren. Als auch das nichts nützt, appelliert sie an ihre Vernunft. «Fräulein Hasler, wollen Sie wirklich Ihre Karriere, Ihre Arbeit, für die Sie wie geschaffen sind, einfach wegwerfen? Wir haben uns doch immer gut verstanden, und Sie waren uns auch eine grosse zuverlässige Hilfe. Überlegen Sie sich, was Sie zu tun gedenken!» Madame Monier ist sehr ernst, als sie sagt: «Lassen wir uns doch vernünftig miteinander sprechen, glauben Sie, ich bin eine erfahrene Frau. Dieser Schritt, den Sie jetzt zu tun beabsichtigen, wird Sie später sehr reuen. Lösen Sie sich von dieser Frau, das ist nicht nur eine herzliche Zuneigung, was sie aneinander bindet, sondern ein ungesundes und Ihrer unwürdiges Verhältnis. Solche Dinge kann man immer wieder gut machen!» Immer noch bleibt Irene still. «Mein Gott, denken Sie doch an Ihre Erziehung. Und dann muss man im Leben immer wieder Opfer bringen, Opfer, die einen zutiefst treffen, hauptsächlich wenn es um die Loslösung von einem geliebten Menschen geht!»

Hat diese Frau auch Opfer bringen müssen? Ist sie deshalb so hart geworden? Ist diese Härte nur eine Tarnung für das, was man nicht sein darf, hat sie ihre Gefühle abgetötet? Fast scheint es Irene, als verhielte es sich so. Sie kann nur noch diese einen Worte aussprechen: «Ich kann nicht, ich kann wirklich nicht anders handeln. Mein Platz ist nun einmal zu Hause. Was weiter geschehen wird, weiss ich noch nicht, ich weiss nur, dass ich so handeln muss. Ich gebe meine Freundin nicht auf!» – «Noch ein letztes, ein allerletztes Mal, meine Liebe, wie stellen Sie sich das vor? So wie ich über ihre finanziellen Verhältnisse orientiert bin, wurden doch damals Ihre ganzen Ersparnisse während der Krankheit Ihrer Mutter aufgebraucht. Über sehr viele Mittel verfügen Sie nicht mehr. Das ist ja auch kein Wunder. Unsere Löhne sind ja nicht sehr gross, das Leben aber ist teuer geworden. Zu lange werden Sie es ohne Einkommen nicht aushalten können. Wollen Sie sich nochmals ruinieren?» Irene gibt keine Antwort darauf. Zeugen ihrer inneren Aufregung sind das jetzt rasende Herz in ihrer Brust und das blasse Gesicht, aus dem jeder Blutstropfen gewichen ist. Wie Madame Monier die fest aufeinander gepressten Lippen sieht, sagt sie abbittend: «Entschuldigen Sie meine etwas taktlose Offenheit, aber ich habe es für nötig gefunden, Ihnen die Augen zu öffnen. Und ausserdem werden Sie herausgefunden haben, dass bei uns die Menschen nicht nur arbeitende Kräfte sind, sondern wir anerkennen jedes Einzelne als Persönlichkeit und nehmen auch Anteil an seinem privaten Wohlergehen!» Jetzt reicht sie ihre Hand und sagt nochmals: «Überlegen und überprüfen Sie alles noch einmal gründlich. Sehr leid würde es mir tun, auch für Sie, sollten Sie doch an Ihrem momentanen Entschluss festhalten.»

Wird sich in Zukunft je wieder eine solche Möglichkeit bieten, eine Existenz zu haben, die ihr Glück und Befriedigung gibt? Wie soll sie sich nun den Lebensunterhalt verdienen? Hat sie nicht etwas übereilt gehandelt? Nein, tausendmal nein, warum jetzt dieses Zweifeln und ängstliche Fragen? Diese Gedanken beschäftigen Irene, nachdem sie das grosse respekteinflössende Haus an der Baslerstrasse verlassen hat.

Lange hat Kathy warten müssen. Schon glaubte sie, es wäre etwas passiert. Nicht aufregen, sagt jedes Mal der Arzt, wenn er zur Visite kommt. Nicht aufregen, sagt sie sich nun selbst. Und als Irene endlich die Türe aufmacht, auf das Bett zugeht und sie liebevoll begrüsst, fragt sie: «Was ist es Liebling, du warst so lange fort, siehst abgespannt und müde aus. Ist etwas nicht in Ordnung?» – «Nein, alles ist in bester Ordnung!» Irene macht das Bett zurecht. Die Blumen, die sie mitgebracht hat, stellt sie so, dass sie Kathys Augen jederzeit erblicken können. «Vielen Dank, du bist so gut!» Wie schwach und dünn die Arme geworden sind, wie durchsichtig blass die Wangen. Die Augen aber, die leben. Zärtlich voll inniger Liebe und Dankbarkeit blicken sie aus dem schmalen Gesicht.

In Rotterdam geht man ruhig über die Enttäuschung des diesjährigen Gastspiels hinweg. Man kennt die Musikerinnen meist persönlich. Anders reagiert der Inhaber des Lokals. Für ihn sind die Einnahmen gesunken. Niemals wird er das abgemachte Honorar einhalten können. Das muss letztendlich auch Fritzi einsehen. Sie hat keine andere Wahl, als mit dem, was ihr offeriert wird, zufrieden zu sein.

Schwieriger wird die Situation in Brüssel. Schon nach dem ersten Auftreten muss sie eine Flut von Vorwürfen einstecken. Erstens findet man es als ziemlich herausfordernd, die Direktion nicht informiert zu haben. Noch mehr als in Rotterdam muss sie hier entgegenkommen. Ende des Monats hat sie wieder ein Defizit in der Kasse. Die Einnahmen sind kleiner geworden, die Auslagen für Löhne und Spesen sind aber gleichgeblieben. Noch immer gibt sie den Kolleginnen dasselbe Salär wie früher. Einmal, zweimal kann sich das die Kasse noch erlauben. Aber dann ... dann sind die Reserven erschöpft und auch Fritzis Widerstand erlahmt.

Bei den Musikerinnen herrscht seit einiger Zeit eine Unlust, eine grosse Unsicherheit zum Weitermachen. Zu lange hat Fritzi alle mit falschen Hoffnungen hingehalten und vertröstet. Eines Tages verlangen sie von Fritzi energisch eine ehrliche Auskunft. «Kommt Kathy noch nicht, kommt Kathy überhaupt nicht wieder? Fritzi, wir möchten endlich die Wahrheit wissen. Jeder Mensch muss doch einsehen, dass es so nicht weiter gehen kann.» – «Ich weiss es nicht, ich weiss es wirklich nicht!» sagt Fritzi gequält darauf, «wenn euch andere Chancen offenstehen, ich halte niemand zurück!»

Susanne und Christa sind die ersten, die aus der Kapelle austreten. Dann folgt Ricke. Ricke geht nach Schweden zurück. Bald wird Françoise an ein anderes Orchester verpflichtet. Aenne und Loes sprechen auch vom Weggehen. Jetzt aber setzt sich Fritzi ein und versucht, die Lücken auszufüllen. Es wäre ihr wohl gelungen, würde es die Kasse erlauben, weiterhin die hohen Gagen zu bezahlen. Auch sind die Verträge nicht mehr erneuert worden. Die übrigen Musikerinnen suchen sich eine andere Beschäftigung bis auf Aenne und Loes. Diese Beiden haben sich nun doch anders entschlossen und wollen bei Fritzi bleiben, um zu versuchen, mit ihr eine Kapelle in ganz kleinem Stil weiterzuführen. Einige von den kostbaren Roben werden verkauft. Die Anzüge, die Kathy gehören und einige hundert Gulden wert sind, bringt Fritzi heim zu ihrer Mutter nach Haarlem. Von hier aus sucht sie sofort eine andere Verdienstmöglichkeit.

Wochen, Monate sind vergangen, schon zeigt sich die erste Frühjahrssonne und lockt die Stadtbewohner aus ihren Häusern. Alt und Jung tummeln sich auf den Strassen oder geniessen die angenehme Wärme auf einer Ruhebank am See oder in Parkanlagen. Fräulein Brun hat ihren freien Tag. Auch sie wird ins Freie gelockt. Nach dem Mittagessen verlässt sie das kühle, frostige Zimmer und geht hinaus auf die Strasse, dem Limmatquai entlang über den Bellevueplatz zum See. Weit kommt sie nicht, nur bis zur zweiten Bank, denn die rheumatischen Schmerzen in den Knien sind wieder derart stark, es reisst und sticht wie mit tausend Teufelchen um die Wette. Seit Irene nicht mehr in dem von ihr geleiteten Betrieb arbeitet, zählt Fräulein Brun jeden Tag, jede Stunde, die sie der Pensionierung näherbringen. Zwei Anfängerinnen hat man an Irenes Platz gesetzt, aber wie sie sich stets über diese Hilfen ärgern muss, gefällt ihr nicht. Energisch stochert sie jetzt mit der Schirmspitze Löcher in den weichen Sandboden. Das Geschnatter einer Schar Enten lässt sie aufhorchen und die Augen schweifen über den See hinweg. Schön ist der Anblick, so schön, dass sich das mürrische Gesicht sofort aufhellt und der Arbeitsärger vergessen ist.

Schon lassen sich einige Boote mit gespannten Segeln auf dem Wasser treiben. Der See ist bewegt und von graugrüner Farbe. Weiss und sehr nahe sind die Gipfel der Glarner Alpen, die goldgelb gefärbten Wolken spiegeln sich im Wasser. Kein Maler könnte dieses Bild in seiner Pracht der Föhnstimmung besser auf der Leinwand wiedergeben, als wie die Natur es zeigt. Der Anblick nach rechts, der Limmat entlang, ist nicht weniger reizvoll. Als eine imposante Erscheinung bietet sich das Grossmünster mit seinen beiden Türmen dar. Das Helmhaus, die Wasserkirche, davor das Zwinglidenkmal und weiter in Richtung des Bahnhofs die schönen Bauten der Zunfthäuser

Zimmerleuten, Rüden, Saffran und auch das barockartig gebaute Rathaus, gehören zu den Sehenswürdigkeiten der Stadt, die man besonders liebt und von hier aus erblicken kann. Frühlingsstimmung herrscht überall, herrscht auf allen Strassen und Gässchen, herrscht in den einladenden Verkaufslokalen, in denen bereits die neuesten Kreationen der Frühjahrs- und Sommerkleider dargeboten werden.

Fräulein Brun betrachtet auch die Gäste des Künstler-Cafés Select, die sich ins Freie an die Sonne gesetzt haben. Zürich, wie liebt sie doch diese Stadt. Sie liebt sie hauptsächlich in diesen Monaten, wenn das zarte Grün der Linden- und Kastanienbäume zwischen den Häusern sichtbar ist. Sie liebt das Bummeln der Wühre entlang durch die Stein-Galerie, den Sankt Peter mit der grossen Uhr, das Lavaterhaus, darin einst Goethe als Gast gewohnt hat. Sie liebt die Fraumünsterkirche, das ehemalige Kloster mit den bemalten Kreuzgängen, und die markanten Gebäude der Post und der Stadtverwaltung. Oh, wie bewundert sie auch die prächtigen Blumenrabatten während des Sommers, den gewissen Charme von Zürich, das Kulturelle und Gepflegte dieser Stadt.

Schritte nähern sich der Bank. Fräulein Brun schaut auf, freudig ruft sie der auf sie zutretenden Frau zu: «Na ja, das ist aber eine sehr liebe Überraschung! Wo kommen Sie her, Fräulein «Kader»? Und wie geht es Ihnen? Setzen Sie sich doch ein bisschen zu mir!» Irene setzt sich hin. Und während das Bächlein an ihrer Seite mit Fragen und Erzählen munter weiter plätschert, hört sie ruhig zu, hat die Augen geschlossen und lässt die warme Sonne auf Ihr Gesicht scheinen. «Und dass unsere

Gäste heute noch nach Ihnen fragen, das interessiert Sie auch nicht? Es war nicht gut, damals einfach wegzulaufen, denn gerade Sie sind doch wie geboren für diesen Beruf. Kommen Sie wieder zu uns!» Geheimnisvoll flüstert sie jetzt: «Man wartet auf der Direktion auf Ihr Zurückkommen. Und wissen Sie auch, dass man Sie bei meinem Austreten an erste Stelle setzen wollte?» – «Mich», fragt Irene überrascht. «Mich an erste Stelle? Das allerdings ist mir neu. Trotz meinem rebellischen Gemüt?» Jetzt lacht Fräulein Brun hellauf und erwidert: «Natürlich, gerade deshalb. Waschlappen, die zu allem nur Ja sagen, die immer nur kriechen, die sich nie zur Wehr setzen, gibt es genug!»

Abermals spricht sie Irene zu, doch wieder zurückzukehren. Oder ob sie schon anderweitig verpflichtet wäre. «Nein, das bin ich nicht. Noch nicht, der Krankheitszustand meiner Freundin hat sich erst in letzter Zeit etwas gebessert. Aber bald werde ich mich wieder um Arbeit umsehen müssen, denn meine Ersparnisse gehen dem Ende zu.» – «Das habe ich mir gedacht», sagt Fräulein Brun. Sie möchte eine Aushilfsstelle annehmen, wo sie nur halbtags arbeiten müsste, meint Irene. Den ganzen Tag von zu Hause wegbleiben, das sei noch nicht möglich. «Menschenskind, das können Sie bei uns auch, dafür werden Sie erst noch besser bezahlt!» – «Geht das?» – «Natürlich geht das, ich werde es sofort einleiten. Abgemacht!» Bei dem Wort «abgemacht» erfolgt wieder der wohlbekannte Klaps auf Irenes Rücken und bestätigt diese Abmachung. So recht froh darüber, ihre kratzbürstige und doch so gutherzige Vorgesetzte getroffen zu haben, erhebt sich Irene und verabschiedet sich von Fräulein Brun.

Auf der Treppe zu ihrer Wohnung begegnet sie Peter. Vor einigen Tagen ist er aus Holland zurückgekehrt und möchte Kathy Grüsse überbringen. «Gut, dass ich dich treffe, bevor du mit Kathy sprichst. Sie weiss noch nicht, dass ihre Kapelle nicht mehr existiert. Erwähne auch du nichts davon, wenn ich dich bitten darf!» – «Wie kommt das? Hat Fritzi nie geschrieben?» – «Oh, doch, wir schreiben uns sogar sehr oft, aber wir lassen Kathy im guten Glauben, es wäre alles noch wie früher. Ich mache mir Sorgen darüber, denn demnächst sollten sie doch wieder nach Genf kommen. Alle werden von ihr sehnsüchtig erwartet. Dass dem nicht so ist, wie ich ihr das sagen soll, das weiss ich noch nicht!» – «Geht es denn noch nicht besser?», fragt Peter besorgt. «Viel besser. Kathy muss aber geschont werden, sie darf keinen Rückfall erleiden.» Irene begleitet Peter in die Stube. Von weitem ruft sie ihrer Freundin zu: «Einen lieben Besuch bring ich dir, schau her!» Grosse Freude strahlt aus ihren Augen, wie sie von Peter auf beide Wangen geküsst wird. «Lieb von dir, sehr lieb, dass du mich wieder einmal besuchst. Irene, bitte stell die herrlichen Blumen ein. Wie das duftet!» Peter ist voll Humor und steckt seine Freundinnen an. Er erzählt viel von Holland, erwähnt aber kein Wort darüber, wie er Fritzi in einem kleinen unbedeutenden Lokal getroffen hat. Beim Weggehen ruft er nochmals zurück: «Ich habe es ja gewusst, du alter Racker, dass du wieder gesund wirst. Warte nur ab, in einigen Wochen stehst du selbst wieder auf der Bühne.» – «Glaubst du, glaubst du wirklich, dass ich wieder so gesund werde?» – «Natürlich wirst du wieder so gesund! Warum denn nicht?»

Peter ist fort. Nun erzählt Irene von der Begegnung mit Fräulein Brun. Dass sie den Rest ihres Guthabens bei der Bank abgehoben hat, verschweigt sie. Madame Monier hatte nur zu wahr gesprochen mit ihrer Mahnung. Auch Irene selbst schaut in den letzten Tagen der Zukunft etwas sorgenvoll entgegen. Kathy ist in keiner Krankenversicherung. Rechnungen für Arzt und Medikamente mussten bezahlt werden. Und schon sind wieder neue da. Keine Ahnung hat Kathy, wie soll sie auch, man spricht ja nie darüber. «Ich soll wieder an meinen alten Arbeitsplatz zurückkehren», sagt Irene. «Wie hast du darauf reagiert?» – «Vorläufig würde ich noch bei dir bleiben. Später könne auf das Angebot zurückgegriffen werden.» – «Vielen Dank, du!» Keinen grösseren Wunsch hat Irene, als dass ihre Freundin ganz gesund wird. Der Arzt ist sehr zufrieden und hat erlaubt, hie und da ins Freie zu gehen.

Durch das viele gegenseitige Schreiben sind sich Irene und Fritzi nähergekommen. Auch hat die gemeinsame Sorge um Kathy sie einander vertrauter gemacht. Der letzte Brief nach Holland war voll Zuversicht. Irene schrieb beglückt über die grossen Fortschritte, beinahe hat sich Fritzi über die guten Nachrichten in grosse Zukunftspläne verstiegen. Sollte Kathy wirklich wieder auftreten können, dann wäre die Zukunft gesichert. Noch so gerne würden alle früher engagierten Künstlerinnen zu ihnen zurückkehren. Wie gut, dass sie nicht viel aus der Garderobe verkauft hat. Arbeit, ja, die haben sie gefunden. Was aber hier an diesem Ort für ihr Spielen bezahlt wird, ist nicht zu vergleichen mit dem, was sie früher für die Musikerinnen ausgelegt hatten. Natürlich ist es nur ihre Schuld, wenn sie und ihre Mutter beinahe darben müssen. Sie könnte es anders haben. Das hat auch gestern ihr Chef erklärt, der Besitzer des Lokals. Seine Worte liegen noch in den Ohren und verursachen beinahe Übelkeit und Verbitterung. Was glaubt er denn, man wäre verpflichtet, sich zu jeder Zeit seiner Gäste anzunehmen. «Schauen Sie einmal Ihre beiden Kolleginnen an, die verstehen es, sie steigern meinen Umsatz. Aber Sie, mit Ihrer stolzen unnahbaren Haltung vertreiben mein ganzes Publikum!»

Fritzi ist es nicht entgangen, dass Aenne und Loes in ihrem Element sind. Entsetzt schaut sie diesen Beiden hie und da zu. Was würde nun Kathy sagen in diesem Falle? «Kinder, zu was wird das noch führen? Ich kenne euch gar nicht wieder.» – «Der Alte will es doch.» – «Ich weiss, ich weiss. Das will aber noch lange nicht heissen, dass man unsere momentane Lage so ausnützen darf.» Das Leben, wie man es hier lebt, gefällt den Beiden vorläufig ganz gut. Man wird verwöhnt, vergöttert und erhält erst noch viele schöne, kostspielige Sachen. Und schlussendlich, für was ist man auf der Welt, wenn nicht auch ein bisschen für die Liebe. Bei Kathy war dies allerdings nicht erlaubt. Es gab nur Verbote und abermals Verbote. Vorwürfe für das kleinste undisziplinierte Verhalten waren an der Tagesordnung. Nichts, gar nichts wurde erlaubt, das merkt man erst jetzt. Man lebte nur für die Arbeit. Und doch waren sie glücklicher, zufriedener, gerade durch die Sauberkeit in Kathys Unternehmen.

Fritzi überlegt oft, ob sie die Musik nicht ganz aufgeben soll. Dann erreichen sie wieder die hoffnungsvollen, zukunftsfreudigen Briefe aus Zürich. Kathy weiss ja immer noch nicht, dass ihre Kapelle aufgelöst ist. Wie Irene es anstellt, ihr diese Tatsache vorzuenthalten, wundert sich Fritzi und auch ihre Mutter. Im Gegensatz zu Kathys Mutter, die damals diese Freundschaft lange nicht akzeptieren konnte und jahrelang ihre Tochter ablehnte, zeigte Fritzis Mutter immer grosses Verständnis. Dafür kann sie sich jetzt und zu jeder Zeit über das herzliche Verhältnis und das Vertrauen, das ihr die Beiden entgegenbringen, freuen. Eines Morgens beim Frühstück liest Fritzi den Brief, der wieder aus Zürich eingetroffen ist und sagt: «Kathy soll einen kleinen Rückfall erlitten haben.» – «Hoffentlich ist es nichts Ernstes», sagt die Mutter. «Eine Erkältung soll es sein.»

Wie jedes Jahr die Natur zu neuem Leben erwacht, so kehrt allmählich die Kraft in Kathys Körper zurück. Irene kann jetzt ruhig ihrer Arbeit nachgehen. Zuerst fand das Kathy überflüssig und fragte: «Muss das sein?» – «Ja, es muss sein.» – «Können denn diese Frauen dort nicht ohne dich auskommen?» – «Das vielleicht schon, Kathy. Aber ich brauche das Geld!» – «Du brauchst das Geld, wie kommt das? Entschuldige, eigentlich habe ich nie darnach gefragt. Alles habe ich so selbstverständlich hingenommen. Das soll nun anders werden. Ich schreibe sofort an Fritzi, sie soll mir aus unserer Reserve etwas zukommen lassen. Meine ganzen Ersparnisse liegen in unserem Unternehmen. Viel ist es nicht, denn früher ging es uns gar nicht gut.» – Das schickt der Himmel», denkt Irene einige Tage darauf, wie sie die Bestätigung der Überweisung von dreihundert Gulden in den Händen hält. Dass Fritzi diese dreihundert Gulden borgen musste, wissen Beide nicht.

In drei Tagen sollte die Kapelle in Genf spielen. Kathy Ist voller Ungeduld, ihre Kinder und Fritzi wiederzusehen. Sie sitzt am offenen Fenster, liest in einem Buch, dazwischen hört sie dem Singen und Zwitschern der Vögel zu. Auf dem Apfelbaum vor dem Fenster flötet eine Amsel ihr Liebeslied. Die Antwort darauf ertönt aus dem Nachbarsgarten. Noch schöner, noch fröhlicher klingt es aus der kleinen Vogelkehle zurück. Kathys Künstlerseele regt sich. Die wärmende Decke von den Knien schiebend erhebt sie sich und geht auf das Klavier zu. Wohl sind die Finger noch etwas steif und ungelenk. Nach dem Massieren von Knöcheln und Handgelenk läuft das Spielen schon etwas besser. Bald erreicht sie wieder die frühere Sicherheit und die Töne schwellen an zu fröhlichem Frohlocken. Kathy ist glücklich, oh so glücklich über die neu gewonnene Kraft. Jetzt würde Irene eingreifen, schonend warnen und bitten, das Spiel zu beenden, denn immer weiter geht das Spiel rücksichtslos über das Geschontwerden hinweg.

Irene ist nicht da, sie ist in ihrer Gaststätte, gibt Getränke heraus und schneidet Kuchen in kleine Stücke. «Könnten sie heute nicht etwas länger bleiben, Fräulein Hasler?», fragt Fräulein Brun nach dem Mittagessen. «Selbstverständlich bleibe ich!» Dass das Länger-da-bleiben sehr nötig ist, sieht sie ein, denn zwei der servierenden Mädchen sind an Grippe erkrankt und konnten deshalb nicht zur Arbeit erscheinen. Weil auch in den anderen Lokalen einzelne Mädchen von der Grippe angesteckt worden sind, ist kein Ersatz aufzutreiben. Jeder Betrieb muss sich selbst zu helfen wissen und schauen, wie er mit seinem Pensum Arbeit fertig wird. Der Arbeitsanfall ist heute sehr gross. Zu dem Alltäglichen haben sich drei grössere Gesellschaften für den Nachmittag und Abend angemeldet. Irene telefoniert frühzeitig nach Hause und sagt zu Kathy, als sie merkt, dass ihre Freundin mit der späteren Heimkehr gar nicht einverstanden ist: «Liebes, ich kann diesmal Fräulein Brun nicht dem Schicksal überlassen, du sollst das doch begreifen. Du kannst dir selber etwas zubereiten. Die Sachen dazu stehen im Küchenschrank!»

Ungern, auch ungeschickt wird Kathy das tun. Aber wäre es nicht etwas, das sie von dem oft vorhandenen Gefühl ihrer Nutzlosigkeit befreien könnte? So etwas Ähnliches hatte kürzlich auch der Arzt gemeint. Nur das stete Üben hatte er strikte verboten. Es würde Kathys Herz noch zu stark anstrengen. Immer noch, sich selbst und die ganze Umwelt vergessend, sitzt Kathy am Klavier und spielt weiter. Je mehr sie ihre Kräfte schwinden fühlt, umso hartnäckiger fährt sie fort. «Nein, nein, ich gebe nicht auf. Ich will wieder auf die Bühne, ich will wieder zu meinen Kindern!» Kühle Luft dringt in das Wohnzimmer.

Als Irene nach Hause kommt, steht das Fenster noch offen. Halb angekleidet liegt Kathy auf ihrem Bett und weint. «Du lieber Gott, warum bist du nicht ins Bett gegangen? Du wirst dich erkälten!» Schnell macht sie eine Wärmeflasche und spediert ihre Freundin unter die Decke. Sie braucht nicht lange zu fragen, was vorgefallen ist. Die Notenhefte liegen zerstreut umher und das Klavier ist noch offen. Kathy ist verzweifelt. Anklagende Worte: Nie mehr könne sie auftreten, ihr Leben sei verpfuscht, spricht sie, mit dem Schicksal hadernd. «Sei nicht undankbar», sagt Irene. Du sollst Geduld haben, alles wird wieder gut werden!» –«Geduld, Geduld! Du mit deiner Geduld. Ich habe keine Geduld mehr, ich will wieder spielen können wie früher!» – «Das wirst du auch, nur nicht schon heute und morgen!» Beruhigend, tröstend hält Irene Kathys Hand und trocknet ihr die Tränen. «Am morgigen Tag habe ich frei und bleibe bei dir. Ich kann frei machen, da die Schulen geschlossen sind und der Andrang im Betrieb entsprechend weniger gross sein wird. «Und weisst du», fügt sie hinzu, «wenn es wieder so schönes Wetter ist wie heute, dann gehen wir hinaus an die frische Luft und machen uns einen sehr netten Tag. Bist du einverstanden?» – «Du bist so gut Irene. Verzeih, hie und da bin ich doch ein undankbarer Mensch. Ich bin ja wieder gesund!»

Es sollte aber anders kommen. Nach einer unruhig verbrachten Nacht kann Kathy am nächsten Morgen nicht aufstehen. Sie muss sich erkältet haben, schwach und elend fühlt sie sich. Wie sich dann gegen Abend Fieber einstellt, lässt Irene den Arzt rufen. «Machen Sie keine Dummheiten, jetzt wo wir so schön über den Berg sind, wo haben Sie sich erkältet, waren Sie im Freien?» – «Es muss hier in der Wohnung gewesen sein», sagt Irene. «Trotz allen Anwendungen will das Fieber nicht zurückgehen.» Bald klagt Kathy über stechende Schmerzen in der Brust, wenn sie hustet.

Sorgenvoll wird der Gesichtsausdruck des Arztes, als er wieder kommt. Grosse Mühe, sehr grosse Mühe hat er sich bei dieser Patientin gegeben. Diese Mühe wurde auch reichlich belohnt, und wie freute er sich über die grossen Fortschritte und über das Wiedererstarken des Herzens. Und jetzt dieser Zwischenfall. Erkältung, Grippe, dass er eine Lungenentzündung befürchtet, davon sagt er noch nichts. Wird Kathys Herz die Mehrarbeit bei einer Lungenentzündung leisten können? Er zweifelt daran. Seine Vermutungen bewahrheiten sich nur zu rasch. Die Schmerzen in der Brust nehmen zu, die Atemnot wird grösser. Nach einiger Zeit löst sich auch beim Husten der bekannte rostfarbene Auswurf.

Grosse Sorgfalt braucht es jetzt bei der Pflege der Kranken. Irene ist froh, dass sie nun die Hilfe einer Krankenschwester erhält. «Sie müssen sich hinlegen», sagt die Schwester oft zu ihr, wenn sie nicht vom Krankenlager weichen will. Die Müdigkeit übersteigt ihren Willen, sodass sie sich besiegt dem Schlafe hingeben muss. Nur ein Wunder kann Kathy noch retten. Ob sich dieses Wunder ein zweites Mal einstellen wird, der Arzt glaubt es nicht. Er macht Irene auf die grosse Gefahr aufmerksam. «Wenn ihre Freundin Angehörige hat, so ist es jetzt an der Zeit, diese zu benachrichtigen.» – «Mein Gott», denkt Irene verzweifelt, die Fritzi muss kommen!

Wieder steigt der Postbote mit einem Telegramm in der Hand die vielen Treppen hinauf und läutet an der Tür von Fritzis Mutter. Jetzt ist es Fritzi selbst, die das

Telegramm entgegennimmt. «Ich muss weg, Mutter, ich muss sofort weg. Hilf mir bitte den Koffer packen!» – «Wo willst du hin?» – «Nach Zürich, man ruft mich!»

Auf dem Flugplatz steht Fritzi. In einer Stunde wird das Kursflugzeug nach Zürich starten. Unendlich lang erscheint ihr diese Stunde. «Sei so gut und besorge mir alles, Mutter. Geh in die Bar und melde mich ab. Aenne und Loes können allein spielen!» Endlich ist die Maschine startbereit. Stumm, mit Tränen verschleierten Augen nimmt sie Abschied von ihrer Mutter.

Kathys Gedanken sind oft verwirrt. Unzusammenhängende Worte kommen von den vom Fieber ausgetrockneten Lippen. Die Augen blicken öfters nach der Türe, unruhig bewegen sich die schönen Hände auf der Bettdecke. Das Fieber hat nachgelassen. Blass, erschreckend blass ist das Gesicht und kraftlos der Körper. Das Sprechen wird nur noch zu einem heiseren Flüstern.

Immer wieder schaut Irene vom Fenster auf die Strasse hinunter. Wenn Fritzi das nächste Kursflugzeug hätte erreichen können, sollte sie jetzt hier sein. Endlich das Anhalten eines Taxis vor der Gartentür. Sie geht hinunter und hilft Fritzi beim Aussteigen. «Vielen Dank, dass Sie gekommen sind!» – «Ist es so ernst?» – «Sehr ernst, es bleibt nicht mehr viel Zeit.» Irene sieht die Tränen in Fritzis Augen aufsteigen. «Tapfer sein, tapfer sein, ich bin es ja auch.» Fritzis Fuss stockt, wie sie in das Zimmer tritt. Ist das Kathy, ihre Kathy, die dort im Bett liegt. Das hohe Fieber hat den schmächtigen Körper noch ganz aufgezehrt. Kathy möchte dem Besuch die Arme entgegenstrecken. Es gelingt ihr nicht mehr, die Kraft ist weg.

Bewegt streicht Fritzi die glanzlosen Haare aus Kathys Stirne. «Natürlich Kathy, es geht uns sehr gut. In Genf haben wir grossen Erfolg. Alle lassen dich grüssen.» Kathy lächelt. Mit leiser Stimme fragt sie nach Ricke und Susanne, nach Mira und Françoise. «Meine Kinder, meine lieben Kinder!» Der Husten kommt wieder. Sofort sind Irene und die Krankenschwester zur Stelle. Fritzi geht in das Nebenzimmer, dort lässt sie den Tränen freien Lauf. Kathys Röcheln dringt zu ihr herein. Jetzt hört sie aufgeregte Stimmen im Korridor.

«Der Arzt und der Herr Pfarrer müssen kommen. Schnell Fräulein Hasler, es geht dem Ende zu!» – «Es geht dem Ende zu», was sind das für schreckliche Worte. Der Arzt und der Geistliche treten in diesem Moment ein, da Kathy noch einmal die Augen aufschlägt, lange zu Fritzi und dann wieder zu Irene hinschaut, als wollte sie Abschied nehmen. Die Lippen bewegen sich, sie möchte sprechen. Fritzi beugt sich nieder und horcht. «Danke», kommt es nur noch wie ein Hauch als letztes Wort aus diesem Mund. Die Augen schliessen sich, sie schliessen sich für immer. Wie bei einer brennenden Kerze, die am Auslöschen ist, wird der Atem schwächer und schwächer und hört ganz auf. Ein Mensch, ein eigenartiger, wunderbarer und stolzer Mensch hat in diesem Augenblick aufgehört zu leben und ist «heimgegangen».

Wieder ist es Winter geworden. Und wieder steht Irene am Eingang neben der Türe, spannt die Zeitungen in ihre Halter und betrachtet die alten Leutchen, die aus ihren Mansardenzimmern geflüchtet sind, um sich in diesen geheizten Räumen zu erwärmen. Wieder, seit

Monaten erfüllt Irene ihre Aufgabe am gewohnten Platz in diesem Haus. Vom Morgen bis am Abend ist der Tag ausgefüllt, und das ist gut so. An ihrem freien Tag aber, da lenkt sie ihre Schritte hinaus auf den Friedhof, legt Blumen auf Kathys Grab. Oft hält sie Zwiesprache mit der Toten und fragt: «Warum, warum musstest du wieder aus meinem Leben scheiden?»

Fritzi war damals mit allem einverstanden. Sie blieb noch einige Tage, um Irene bei all den zu erledigenden Formalitäten zu helfen. Am dritten Tag begleiteten sie zusammen Kathy auf ihrem Weg zur letzten Ruhestätte. Dann fuhr sie wieder zurück nach Holland. Der Abschiedsschmerz war gross. Kathy lebt weiter, sie lebt weiter in Fritzis und Irenes Herzen. Sie lebt weiter in allen Herzen, die sie geliebt und geehrt haben.

Ein leise emanzipiertes Leben

Ein Nachwort

Begegnung mit der Autorin und ihrem Text	134
Lesbisches Leben in der Literatur seit 1900	139
Literarische Darstellungen in den 1950er Jahren	147
Biografie von Ida Erne	152
Herkunftsfamilie und Berufstätigkeit	152
Umzug nach Zürich und Wohnsituation	156
Aufbruch in die berufliche Unabhängigkeit	162
Zürcher Bürgerin	170
Autobiografische Spuren in der Erzählung	177
Lesbische Motive	183
Nun endlich die Publikation	185
Literaturverzeichnis	191

Begegnung mit der Autorin und ihrem Text

Es war im Januar 1990, als mich eine ältere Frau anrief, sich als «Fräulein Erne» vorstellte und fragte, ob ich jene Frau Marti sei, welche auch mit Literatur zu tun habe. Sie hatte mich im Telefonbuch unter Wettingen/AG gefunden. Damals war ich mit Vorträgen und Artikeln zu Lesben in der Literatur an die Öffentlichkeit getreten. Ende Januar 1990 hatte ich mit der Schriftstellerin Esther Spinner an der Literaturtagung «Schriftwechsel» einen Workshop angeboten mit dem Titel «Nur Auswandern oder Schweigen? Lesben in der Schweizer Literatur».

Ida Erne hatte offenbar davon erfahren und wandte sich nun an mich: Sie habe einen Roman geschrieben, der von lesbischen Frauen handle, und suche dafür einen Verlag. Wir verabredeten ein Treffen am darauffolgenden Montagmorgen um 9 Uhr im Restaurant Bahnhof in Wettingen. Ida Erne kam mit dem Zug von Zürich-Oerlikon; gegen Mittag wollte sie eine Freundin im benachbarten Baden besuchen. Ida Erne war sorgfältig in ein Deux-Pièce gekleidet, die Haare schick frisiert, und schaute mich freundlich und offen an. Ich schätzte ihr Alter auf etwa achtzig Jahre. Sie kam sehr direkt auf ihr Anliegen zu sprechen: ob ich ihr helfen könne, einen Verlag für ihren Roman zu finden.

Aus ihrer Handtasche zog sie ihr Manuskript, 120 Seiten, mit der Schreibmaschine abgetippt, und legte es auf den Tisch. Auf meine Frage nach dem Inhalt des Textes erklärte sie mir, dass es sich um eine Erzählung mit autobiografischen Zügen handle, die sie vor etwa dreissig

Jahren geschrieben habe. Wir kamen ins Gespräch und es stellte sich heraus, dass Ida Erne 1934 von Nussbaumen, im Kanton Aargau, nach Zürich gezogen war und dort über ein Inserat im «Tagblatt der Stadt Zürich» lesbische Frauen kennen gelernt hatte, darunter auch die mir aus den ersten Forschungen zur Geschichte von lesbischen Frauen bekannte Anna Vock und «eine gewisse Thoma», die ihr nicht sympathisch war.

Ida Erne hoffte, dass ich ihr einen Verlag für die Veröffentlichung ihrer Erzählung vermitteln würde. Das konnte ich ihr zu diesem Zeitpunkt nicht versprechen. «Dann wird es halt nichts», meinte sie enttäuscht und wollte den Text wieder einpacken. Ich konnte sie schliesslich davon überzeugen, mir das Manuskript eine Woche lang zu überlassen. Zuhause kopierte ich das Manuskript und erstellte ein Gedächtnisprotokoll unseres Gesprächs, wie ich es von der deutschen Lesbenforscherin und Soziologin Ilse Kokula gelernt hatte.

Mit grossem Interesse las ich die in den frühen 1950er Jahren handelnde Erzählung. Aus lesbischer Perspektive fand ich den Text in verschiedener Hinsicht sehr aufschlussreich. Geschildert wird, wie Irene, eine erwachsene Frau, ihre erste lesbische Liebe erlebt. Darin eingebettet sind Erinnerungen an ihre erste Verliebtheit in eine Schulkollegin und an ihr Empfinden, anders zu sein als die Freundinnen und dies verstecken zu müssen. Die Erzählung spannt einen gelungenen Bogen vom «Falling in Love» der Protagonistin bis zum frühen Tod der Geliebten. Die Arbeitsbedingungen im Gastgewerbe und im Musikbereich werden sehr realistisch geschildert und die innere Entwicklung von Irene von der angepassten Mitarbeiterin zu einer tapferen Frau, die angesichts der Erkrankung ihrer Freundin für ihr persönliches Recht auf Liebe einsteht und dafür auch ihre Stelle kündigt. Es beeindruckte mich, dass eine Frau, welche keine höhere Schulbildung hatte, fähig war, diese Geschichte so nachvollziehbar und spannend zu erzählen.

Trotzdem schätzte ich 1990 die Chance, einen Verlag zu finden, als gering ein. Hinzu kam, dass ich selbst emsig mit meiner eigenen Gegenwart beschäftigt war: Ich organisierte und hielt Vorträge zur beginnenden Lesbenforschung, war dabei, meine Dissertation fertig zu stellen, bereitete mich auf ihre Verteidigung vor und machte mich selbst an die Verlagssuche für den Druck meines Buches zur Darstellung lesbischer Frauen in der deutschsprachigen Literatur seit 1945. Deshalb konnte ich mich nicht um die Publikation von Ernes Text kümmern. Ida Erne und ich trafen uns eine Woche nach diesem Gespräch nochmals kurz auf dem Bahnsteig in Wettingen. Länger sprechen wollte sie mit mir nicht mehr. Mein Versuch, mit ihr in Kontakt zu bleiben, um mehr über ihr Leben als lesbische Frau in den Jahrzehnten vor der neuen Frauenbewegung zu erfahren, blieb unerwidert – sie antwortete nicht auf meinen Brief. Stattdessen fand ich im November des gleichen Jahres die Todesanzeige von Ida Erne in meinem Briefkasten, zugeschickt von ihrer jüngsten Schwester Hedy Erne. Ida Erne hatte also meine Adresse nicht weggeworfen.

Ich selbst legte meine Kopie des Textes, die Todesanzeige und das Gedächtnisprotokoll in eine Mappe in mein Regal zur Lesbenliteratur – traurig, dass ich nun keine Chance mehr hatte, mich später mit Ida Erne wieder in Verbindung zu setzen und ihr bei der Verlagssuche zu helfen.

Einen Verlag für diese Geschichte über ein lesbisches Leben in den 1950er Jahren zu finden, schien mir damals in zweierlei Hinsicht schwierig: Die alteingesessenen Verlage würden kaum Interesse daran haben. Sie hatten das Thema Lesben bisher ja gründlich ausgespart. Hinzu kam, dass die sprachliche Qualität von Ida Ernes Text ihnen vermutlich nicht genügt hätte. Die neuen feministischen Frauen- und Lesbenverlage wiederum interessierten sich vorwiegend für die Belange der neuen Frauengeneration und deren selbstbewusstes Aufbegehren gegen die bürgerlich-patriarchalen Unterdrückungen. Sie beschäftigten sich mit neuen Themen wie dem Coming-Out, dem Kampf um sexuelle Selbstbestimmung und frauenidentifiziertem Leben als politischem Statement. Die lesbischen Feministinnen waren kämpferisch und blickten vor allem vorwärts. Ganz anders war dagegen die Erzählung von Ida Erne angelegt. Sie schildert das früher oft kampflose, leise Arrangement lesbischer Existenz in der bürgerlichen Heterowelt. Für ein solch persönliches Dokument aus den 1950er Jahren hätte es in den politisch erwachten lesbischen Kreisen somit wohl wenig Interesse gegeben.

Ida Erne gehörte zu den Frauen, die sich selbstbewusst und stolz als «Fräulein» bezeichneten, um zu betonen, dass sie ihr Leben ledig, also unabhängig von einem Mann und selbstständig gelebt haben. Dass sie mit dieser Verkleinerungsform und dem sächlichen Artikel bezeichnet wurden und eben doch in Bezug auf Männer definiert wurden, nämlich als nicht mit einem Mann verheiratet, schien sie weniger zu stören. Anders sahen das die Angehörigen der neuen Frauenbewegung, zu der auch ich gehöre. Warum sollte bei Frauen – anders als bei Männern – durch die Anrede markiert werden, ob sie verheiratet oder ledig sind? Feministinnen setzten sich deshalb jahrelang für eine Abschaffung des Begriffs «Fräulein» ein. Vom Frauenzentrum Baden aus, wo ich mich engagierte, konnten wir schliesslich 1986 in einigen Gemeinden des Kanton Aargau erwirken, dass Frauen als «Frauen» angeschrieben wurden und «Fräulein» als Kategorie in den Registern des Zivilstandsamtes aufgehoben wurde. Vermutlich hätte sich Ida Erne dagegen gewehrt, als Feministin bezeichnet zu werden. Was die Protagonistin Irene Hasler in der Erzählung ausspricht, gibt vermutlich auch die Haltung der Autorin wieder:

Trotz der inneren Freiheit ist man sehr vorsichtig geworden. Sie geht nicht einig mit den Frauen, die sich mit ihrer besonderen Art noch brüsten, die sich wie Männer aufspielen, die Gesellschaft herausfordern und vor den Kopf stossen. Solche Frauen erwecken auch in ihr eine Abwehr und Ärger. Natürlich hat jeder Mensch das Recht, sein Leben zu leben, jedoch ohne dass er mit seiner Haltung Andern Ärgernis bereitet. (80)

Lesbisches Leben in der Literatur seit 1900

Wenn es in den 1990er Jahren keine Publikationsmöglichkeit für ein solches Manuskript gab, so erst recht nicht in den Jahrzehnten davor. Das Thema der lesbischen Liebe und die Darstellung lesbischer Frauen kamen in der Literatur kaum vor. Wurden um die Wende vom 19. zum 20. Jahrhundert und in den 1920er Jahren bereits einige Romane zum Thema publiziert, so wurde es danach wieder still. Bis zu einer selbstbewussten, erneuten Thematisierung lesbischen Begehrens zwischen 1930 und 1975 finden sich nur wenige, mehrheitlich verdeckte Spuren.

Dass Frauen miteinander Liebesbeziehungen pflegten und ihre lebenslangen Partnerschaften durchaus auch sexuell sein konnten, lässt sich in der Schweiz erstmals gegen Ende des 19. Jahrhunderts erkennen. In einigen Texten der ersten Studentinnen an Schweizer Universitäten lassen sich Ilse Kokula und Ulrike Böhmer zufolge solche Belege finden: «Wir Frauen haben kein Vaterland. Monologe einer Fledermaus» (1899) von Ilse Frapan (1849–1908); «Sind es Frauen? Ein Roman über das dritte Geschlecht» (1901) von Aimée Duc (Pseudonym für Minna Wettstein-Adelt, 1867–1930); «Auf Vorposten. Roman aus meiner Züricher Studentenzeit» (1903) von Ella Mensch (1859–1935).

Die nächste Reihe von Veröffentlichungen datiert in den 1920er Jahren, als sich in Berlin erstmals im deutschsprachigen Raum eine lesbische Subkultur entfaltete. Hier wurden mehrere Zeitschriften mit hohen Auflagen veröffentlicht wie «Die Freundin» und «Die Frauenliebe» (später: «Die Garçonne») Schader, 2004, 42–72. Zudem erschienen mehrere Romane mit lesbischen Protagonistinnen. Basierend auf einem Theaterstück der deutschen Autorin Christa Winsloe (1888–1944) wurde 1931 der Film «Mädchen in Uniform» gedreht. Er gilt als der erste Film überhaupt, der lesbische Liebe thematisiert. Ungewöhnlich war nicht nur die Besetzung des Films ausschliesslich mit Frauen, sondern auch die Zusammenarbeit zweier Frauen in den Schlüsselfunktionen von Regie, Leontine Sagan, und Drehbuch, Christa Winsloe. Von den Nationalsozialisten wurde der Film verboten und danach in der BRD nur inoffiziell als Video verbreitet und in Frauenzentren gezeigt. Erst 1977 wurde der Film erstmals in den dritten Programmen der westdeutschen Fernsehanstalten gezeigt. Im Jahr 1958, mit dem Thema noch immer allein auf weiter Flur, wurde eine neue Fassung mit Romy Schneider und Lilli Palmer als prominente Besetzung fürs Kino gedreht.

In der Schweiz selbst lassen sich in der ersten Hälfte des 20. Jahrhunderts bisher lediglich zwei Autorinnen finden, die Lesbischsein thematisierten: Annemarie Schwarzenbach und Laura Fredy Thoma, welche beide 1931 die lesbische Subkultur und deren Damenclubs in Berlin kennengelernt hatten (Marti, 1994).

Die Bücher der Schriftstellerin und Reisejournalistin Annemarie Schwarzenbach (1908–1942) wurden ab 1986, über vierzig Jahre nach ihrem Tod, wieder neu aufgelegt. Ihre attraktive androgyne Erscheinung als Frau, die häufig fotografiert wurde, sowie ihr illustrer internationaler Bekanntenkreis machten auch ihre literarischen und journalistischen Werke wieder interessant. In den Erzählungen, die bereits zu ihren Lebzeiten veröffentlicht wurden, maskierte Schwarzenbach die lesbischen Beziehungen als heterosexuelle und erzählte aus männlicher Ich-Perspektive, so in «Freunde um Bernhard» (1931) und «Lyrische Novelle» (1933). Eine offen lesbische Darstellung wurde erst 66 Jahre nach ihrem Tod erstmals publiziert, nämlich die Erzählung «Eine Frau zu sehen» (2008). Heute sind die literarischen Werke und die Reiseberichte und Reportagen von Annemarie Schwarzenbach im Buchhandel erhältlich; ihr Nachlass liegt im Schweizerischen Literaturarchiv in Bern. Ihre ebenso bemerkenswerten Fotografien werden immer wieder ausgestellt, besonders umfassend 2020/2021 im Paul Klee Museum Bern unter dem Titel «Aufbruch ohne Ziel. Annemarie Schwarzenbach als Fotografin».

Laura Fredy Thoma, 1930er Jahre

Ob Ida Erne Texte von Annemarie Schwarzenbach gekannt hat, ist nicht bekannt. Hingegen war sie zumindest kurze Zeit mit Laura Fredy Thoma in Kontakt und hat vielleicht auch Texte von ihr in der Zeitschrift «Freundschaftsbanner» gelesen.

Laura Thoma, die ihre Texte auch mit «Fredy» unterschrieb, setzte sich in den 1930er Jahren für die Organisierung lesbischer Frauen ein. Die schriftstellerische Tätigkeit von Thoma stand ganz im Dienst des «Damenclub Amicitia», den sie zusammen mit Anna Vock und zwei weiteren Frauen 1931 in Zürich gründete. Die Idee dazu hatte Laura Fredy Thoma aus Berlin mitgebracht, wohin sie als Dreissigjährige aufgebrochen war, um die lesbische Subkultur mit ihren Bars und Zeitschriften kennen zu lernen. Diesen Aufbruch wagte sie, nachdem sie eine lange Leidensgeschichte erlitten hatte als Frau, die mit ihren Liebesgefühlen zu Frauen nicht klargekommen war und schliesslich aus Verzweiflung einen Mann geheiratet hatte, von dem sie sich aber bald wieder scheiden liess. Im Unterschied zu Annemarie Schwarzenbach stammte Laura Fredy Thoma (1901–1966) nicht aus einem reichen und gebildeten Elternhaus, sondern war die jüngste von siebzehn Geschwistern einer streng evangelischen Familie aus dem Kanton St. Gallen. Wie die einfache «Bürolistin» aus Zürich von Berlins lesbischer Subkultur erfahren hatte, ist nicht überliefert.

Ilse Kokula und Ulrike Böhmer (1991, 59-104) haben die Geschichte des «Damenclub Amicitia» anhand des Protokollbuchs und der Zeitschrift aufgearbeitet. Im August 1931 gründeten die Frauen den «Damenclub

Amicitia» und schlossen sich im selben Jahr mit dem «Herrenclub Excentric» zusammen, welcher wiederum mit dem deutschen «Bund für Menschenrecht» verbunden war. Gemeinsam gaben sie im Januar 1932 erstmals die Zeitschrift «Freundschaftsbanner» heraus.

Im «Freundschaftsbanner» war Laura Fredy Thoma verantwortlich für die Seiten «Leben und Lieben unserer Frauen». Hier publizierte sie Erzählungen, Fortsetzungsgeschichten und Gedichte von sich und anderen Autorinnen sowie flammende Aufrufe an die «Artgenossinnen und Artgenossen» zur Organisierung und Unterstützung der gemeinsamen Vereinigung. In der ersten Ausgabe des Freundschaftsbanners richtete sich Laura Fredy Thoma mit einem Aufruf gezielt an die Frauen:

Ertönen die Glocken am Sylvesterabend zur bedeutungsvollen Jahreswende, dann mögen auch unsere schlichten Worte, Lichtstrahlen gleich, die dunkle Einsamkeit aller Mitschwestern durchdringen und Ihnen zurufen, dass sie nicht zu verzagen brauchen, denn es steht ja eine ganze

Schar Gleichgesinnter dicht neben ihnen. Kampfesmutige Hände zusammengeschlossener Schwesternseelen tasten nach Fühlung mit Dir. Bis in die entlegensten Weiler möge unser Ruf den Unverstandenen Trost und Aufmunterung bringen. Mit dem neuen Jahre steigt auch für uns Andern die Sonne der Befreiung am Horizont des Schweizerhimmels auf. Zürich, die Grossstadt der Schweiz wurde dank intensiver Arbeit und mutigen Kampfes zur Wiegenstadt unserer Vereinigung. Der Damen-Club «Amicitia», das Wiegenkind und zugleich der Grundstein unserer längst nötig gewesenen Bewegung, hat sich hohe, ideale Ziele zu erstreben gesetzt. Damit jedoch dieselben erreicht werden können, müssen wir uns frei und vollzählig unter unser Banner stellen.

Mitschwestern! Ein langes, neues Jahr tritt mit dem Erblassen der letzten Sterne der Silvesternacht ins Leben. In welcher lieberfüllten Brust glüht nicht die Sehnsucht nach dem höchsten Besitz des Daseins? Nach einer Alles erhebenden Liebe, – nach dem grossen Erlebnis!

«Amicitia» hat für euch alle Bahn gebrochen; sie ermöglicht ein geeignetes Sichfinden.

Leben & Lieben unserer FRAUEN.
=*=*=*=*=*=00=*=*=*=*=*=*=*=*=*=

Ertönen die Glocken am Sylvesterabend zur bedeutungsvollen Jahreswende, dann mögen auch unsere schlichten Worte, Lichtstrahlen gleich, die dunkle Einsamkeit aller Mitschwestern durchdringen und ihnen zurufen ~~und ihnen zurufen~~, dass sie nicht zu verzagen brauchen, denn es steht ja eine ganze Schaar Gleichgesinnter dicht neben ihnen. Kampfesmutige Hände zusammengeschlossener Schwesterseelen tasten nach Fühlung mit Dir. Bis in die entlegensten Weiler möge unser Ruf den Unverstandenen Trost und Aufmunterung bringen. Mit dem neuen Jahre steigt auch für uns A n d e r n die Sonne der Befreiung am Horizont des Schweizerhimmels auf. Zürich, die Grosstadt der Schweiz wurde danks intensiver Arbeit und mutigen Kampfes zur Wiegenstadt unserer Vereinigung. Der Damen-Club "AMICITIA", das Wiegenkind und zugleich der Grundstein unserer längst nötig gewesenen Bewegung, hat sich hohe, ideale Ziele zu erstreben gesetzt.

Damit jedoch dieselben erreicht werden können, müssen wir uns frei und vollzählig unter unser Banner stellen.

Mitschwestern! Ein langes, neues Jahr tritt mit dem Erblassen der letzten Sterne der Sylvesternacht ins Leben. In welcher liebeerfüllten Brust glüht nicht die Sehnsucht nach dem höchsten Besitz des Daseins? Nach einer über Alles erhebenden Liebe,-- nach dem grossen Erlebnis!

"A M I C I T I A " hat für Euch alle Bahn gebrochen; sie ermöglicht ein geeignetes Sichfinden.

Wir möchten durch dieses bescheidene Blättchen recht oft und viel mit Ihnen in geistige Fühlung treten. Je zahlreicher die Abonnentenzahl, desto ansprechender und vielseitiger wird diese Zeitschrift erscheinen können. Schöne Novellen, Poesie, Skizzen und Romane sollen für wertvollen Inhalt beitragen. Wir sind auch für eifrige Mitarbeiterinnen herzlich dankbar. Helft mit auch am geistigen Aufbau unserer grossen Sache.

Freundschaftsbanner, 1/1932, S. 5

Mitte der 1930er Jahren, nach zwei Rufmordkampagnen gegen Anna Vock, lanciert durch eine Boulevardzeitung, zogen sich die Frauen aus der Mitarbeit an der Zeitschrift zurück. Ab 1937 erschien die Zeitschrift unter dem neuen Titel «Menschenrecht». Die Fortsetzungsgeschichten von Laura Fredy Thoma wurden weiter bis 1939 veröffentlicht. Die Zeitschrift «Menschenrecht» wurde 1942 eingestellt, und bei der Nachfolgezeitschrift «Der Kreis» waren ab 1942 keine Frauen mehr aktiv. Nur äusserst selten wurden noch Artikel von Frauen publiziert (Kokula/ Böhmer 1991, 163–195).

Literarische Darstellungen in den 1950er Jahren

Für die Zeit, in der Ida Erne ihre Erzählung schrieb, konnte ich in der deutschsprachigen Literatur nur drei Texte ausfindig machen, in denen lesbische Frauen vorkommen, und zwar lediglich als Nebenfiguren: Als Schülerinnen in einem Internat (Thea Sternheim) oder als Insassin eines Internierungslagers (Gertrud Isolani), also in geschlossenen Anstalten oder als Künstlerin (Hertha Kräftner), das heißt eher am Rande der Gesellschaft (Marti 1992, 48–50).

Die österreichische Schriftstellerin Marlen Haushofer berührte in ihrem ersten Roman «Eine Handvoll Leben» das Thema der lesbischen Liebe, indem die 45-jährige Hauptfigur sich an ihre Mitschülerin Margot erinnert, mit der sie in einer intensiven seelisch-geistigen Liebesbeziehung verbunden war, deren Körper sie jedoch nicht mochte. Margot hatte sich als junge Frau im Fluss ertränkt (Marti 1992, 55–59).

Nicht nur Lesben, sondern Frauen generell waren in dieser Zeit als Hauptfiguren und auch als weibliche Ich-Erzählerinnen nicht denkbar, wie die österreichische Schriftstellerin Ingeborg Bachmann in einem Interview mit Toni Kienlechner 1971 eindrücklich berichtete. Bachmann war als Lyrikerin bereits sehr erfolgreich, als sie in den 1950er Jahren mit dem Schreiben von Prosa begann und dabei als Frau eine verstörende Erfahrung machte:

Dass ich immerzu nach dieser Hauptperson gesucht habe. Dass ich wusste: sie wird männlich sein. Dass ich nur von einer männlichen Position aus erzählen kann. Aber ich habe mich oft gefragt: warum eigentlich? Ich habe es nicht verstanden, auch in den Erzählungen nicht, warum ich so oft das männliche Ich nehmen musste. Es war nun für mich wie das Finden meiner Person, nämlich dieses weibliche Ich nicht zu verleugnen und trotzdem das Gewicht auf das männliche Ich zu legen... (Bachmann, 99/100)

Als Schriftstellerin wurde Bachmann durch die Literaturtradition zu einer männlichen Perspektive gedrängt. Nur aus dieser war die Autorität des Erzählens denkbar, wogegen eine weibliche Perspektive erst entwickelt werden musste. Die deutsche Schriftstellerin Johanna Moosdorf (1911–2000) hat auf die gesellschaftlichen Hintergründe verwiesen, welche Autorinnen behinderten, weibliche Hauptfiguren zu gestalten:

Es war ja so, dass nach den 20er Jahren die ganze Emanzipationsbewegung zerstört worden war, und eine junge Frau, die schreibt und dann hat sie auch noch eigene Gedanken – das war ja fürchterlich! Es war eben unmöglich, ein handelnde Frau, eine Frau als Subjekt darzustellen. Man musste eine männliche Person nehmen. Die männlichen Hauptfiguren in «Nachtigallen schlagen im Schnee» und dann auch in «Flucht nach Afrika», das bin im Grunde ich selbst. Mit denen identifiziere ich mich. In beiden Büchern sind die Frauen passiv und die Männer aktiv, nicht, weil ich dachte, die sind so, sondern weil es mir sonst nicht abgenommen worden wäre. (Regula Venske, 201)

Erst recht keine Möglichkeit gab es in diesem männlich besetzten Raum für Autorinnen, die in ihren Texten lesbische Erfahrungen zur Sprache bringen wollten. Erst

Mitte der 1970er Jahre wagten sich mit Marlene Stenten und Christa Reinig auch lesbische Autorinnen an diese Thematik.

Marlene Stenten (1935–2019), in Aachen aufgewachsen, schrieb in den 1960er Jahren mit «Grosser Gelbkopf» einen Roman mit einem schwulen Protagonisten, der 1971 bei Luchterhand veröffentlicht wurde. Für die Publikation des nächsten Romans «Puppe Else» mit einer lesbischen Protagonistin fand sie jedoch keinen Verlag. Dank dem Einsatz von Freundinnen gelang es 1977 den Roman im Selbstverlag Sudelbuch zu veröffentlichen. Erst als er 1984 bei Fischer in der Taschenbuchreihe «Die Frau in der Gesellschaft» wieder aufgelegt wurde, erreichte er ein grösseres Publikum (Marti 1992, 117–120).

Christa Reinig (1926–2008), in Ost-Berlin aufgewachsen, wurde für ihre in den 1960er Jahren erschienenen Gedichte und Erzählungen mit dem Bremer Literaturpreis ausgezeichnet. Die Preisverleihung nutzte sie, um 1964 aus der DDR zu flüchten. Im zehn Jahre später erschienen ersten Roman «Die himmlische und die irdische Geometrie», der autobiografisch geprägt war, sparte sie das Thema Lesbischsein noch vollständig aus. Erst im Roman «Entmannung» (1976) erschien mit «Wölfi» erstmals eine lesbische Figur in einem Text von Reinig. Ab 1979 standen auch lesbische Figuren und Beziehungen im Zentrum ihrer Werke: «Müssiggang ist aller Liebe Anfang» (Gedichte, 1979), «Die ewige Schule» (Erzählungen, 1982), «Die Frau im Brunnen» (Roman, 1984). Als 60-jährige Autorin gab Christa Reinig 1986 im Gespräch mit der Literaturprofessorin Marie-Luise Gansberg Auskunft über ihr Schaffen:

Aber ich bin lesbische Schriftstellerin, so gut wie ich weibliche Schriftstellerin bin, das ist eine Entwicklung. Ich sehe manchmal in Diskussionen die Autorinnen der alten Schule, die sagen, und das ist in der Literatur angelegt: Was heisst denn männlich-weiblich, das ist doch egal. Es ist insofern egal, weil die Literatur den Einstieg nur mit einem männlichen Ich erlaubt. Ich hab' Glück gehabt, dass ich hier durchbrechen konnte, dass ich ein literarisches Ich realisieren konnte, das weiblich und lesbisch ist. Dieses Glück verdanke ich dem Coming Out anderer Schriftstellerinnen. Ich bin zunächst auch in der Frauenbewegung eine Dunkellesbe gewesen. Ich bin hier in der Schuld von anderen Frauen, die vor mir progressiver waren als ich. (Reinig in Gansberg/Beerlage 1986, 127)

Christa Reinig bezeichnete das Schreiben ihres Romans «Entmannung» in den Jahren 1974/75 als ihren «Weg in die Frauenbewegung» (Reinig in Rudolph 1978, 19). Danach verstand sich Reinig als zugehörig zur Frauenbewegung, nahm an den «Treffen schreibender Frauen» in München teil und rezensierte begeistert das Buch «Häutungen».

«Häutungen» von Verena Stefan erschien 1975 im neu gegründeten Verlag Frauenoffensive und wurde ein sensationeller Erfolg, obwohl Verena Stefan als Autorin noch unbekannt war. Sie war nach der Matur von Bern nach Berlin gezogen, hatte sich als Physiotherapeutin ausgebildet, als solche auch praktiziert und die feministische Gruppierung «Brot und Rosen» mitgegründet. Verena

Stefan hatte zuvor noch kein Buch veröffentlicht und der Verlag Frauenoffensive war gerade erst aus dem linken Trikont heraus entstanden. Verena Stefan beschrieb in «Häutungen» den Aufbruch einer Frau aus heterosexuellen Beziehungen in eine lesbische Liebe und verband dies mit einer Reflexion der Sprache als System patriarchalischer Normen. Von der männlichen Literaturkritik weitgehend ignoriert, empfanden viele Leserinnen «Häutungen» als Ausdruck ihrer lesbischen Wünsche und ihrer Kritik am Patriarchat. Bis 1984 wurden über 250 000 Exemplare verkauft, eine grosse Ausnahme im deutschsprachigen Buchmarkt.

Biografie von Ida Erne

Herkunftsfamilie und Berufstätigkeit

Familie Erne-Blättler mit Idy (2.v.l.), ca. 1921.

Ida Erne wurde am 20. Januar 1906 in Baar (Kanton Zug) geboren, als drittes Kind von Anna Ida Erne-Blättler und Hans Erne. Das Ehepaar hatte bereits zwei Töchter, Anna (1902) und Maria (1905). Nach Ida, die in der Familie Idy genannt wurde, folgten Josephine (Josy, 1907), mit grossem Abstand dann Robert (1916) und Hedwig (Hedy, 1922). Die Eltern zogen mit den Kindern wiederholt um und versuchten in den Kantonen Luzern, Aargau und Zürich eine berufliche Existenz mit einer Bäckerei oder einem Restaurant aufzubauen.

Der Vater war bereits einmal verheiratet gewesen und hatte einen Sohn (geboren 1888) aus dieser Ehe. Erst nachdem die ersten beiden Töchter aus der Verbindung mit Anna Ida Blättler geboren waren, war die Scheidung des römisch-katholischen Vaters vollzogen und damit waren auch diese beiden Kinder legitimiert worden. Die drittgeborene Tochter Ida war das erste in der Ehe geborene Kind. Sie wuchs hauptsächlich im Aargau auf, in Reinach besuchte sie die Primar- und Sekundarschule. Danach zog die Familie nach Nussbaumen, wo ihre Mutter das Restaurant Sternen und der Vater eine Bäckerei in Wettingen leitete.

Ida Erne, ca. 12-jährig

Eine eigentliche Berufslehre konnte Ida ebenso wenig absolvieren wie ihre beiden älteren Schwestern Anna und Maria. Diese beiden Schwestern heirateten jedoch im Alter von 24 in den Jahren 1926 bzw. 1929. Auch der Bruder Robert heiratete mit 24 Jahren. Er hatte eine Bäckerlehre wie der Vater gemacht. Die beiden jüngeren Schwestern konnten eine Lehre absolvieren: Josy eine Bürolehre und Hedy lernte Schneiderin. Beide blieben ebenso wie Ida Erne ledig und berufstätig.

Ida Erne arbeitete mit 17 Jahren in einer Bäckerei in Lausanne, wo sie auch Französisch lernte. Danach kehrte sie zu den Eltern zurück und machte eine einjährige «Saal-Lehre» im Restaurant Kursaal in Baden.

Als «Saaltochter» beim Servieren im Kursaal Baden

Anschliessend übernahm Ida Erne verschiedene Saisonstellen als «Serviertochter» in Arosa, Genf, Lugano und wiederum im Kursaal Baden. Danach unterstützte sie während sieben Jahren, von 1927 bis 1933, die Eltern in ihren Betrieben in Nussbaumen und Wettingen. Später führte sie gemeinsam mit der Mutter ein Restaurant in Lauterbach bei Sins im Kanton Aargau.

Restaurant in Lauterbach bei Sins, Aargau. Ida hinter dem Motorrad, 2.v.r.

Wie selbstverständlich diese Mitarbeit in der Familie erschien, wird im Lebenslauf anschaulich geschildert, den die Nichte Trudi Vanini-Drack zu Ida Ernes Abdankung am 30. November 1990 verfasst hat:

[Ida] wuchs (…) im Kreise ihrer Geschwister in einem Geschäftshaushalt auf und hatte deshalb schon früh in Bäckerei und Laden recht tüchtig mithelfen und mitarbeiten

155

müssen. Auch nach der Schule war der Wunsch der Eltern Gesetz und damals hiess es für die Töchter, Welschlandaufenthalt und dann Service. So hatte Idy viele Stellen durchlaufen, strenge und harte Arbeit, besonders während den Krisenjahren, und hatte Zeugnisse voller Anerkennung für ihre freundliche Wesensart und ihren gekonnten Einsatz geerntet.

Familie Erne, ca. 1928. Von links: Cousine Josy Müller, Mutter Anna, Hedy, Josy, Idy

Umzug nach Zürich und Wohnsituation

Im August 1931 erschien zweimal ein Inserat im «Tagblatt der Stadt Zürich», mit dem ein «Damenclub Amicitia» alle «einsamen, sich nach trauter Geselligkeit sehnenden, Damen jeden Standes und Alters» zu einem Treffen im

Restaurant «Löwen» an der Löwenstrasse 66 zu «gemütlichen Zusammenkünften bei Spiel, Musik und Gesang» einlud. Die Einladenden traten also so auf, wie wenn dieser Damenclub bereits bestehen würde. Auf diese Weise konnten sie in der Rubrik «Vereine» ein Kleininserat aufgeben. Aus diesem Treffen entstand die erste Schweizer Vereinigung lesbischer Frauen, der «Damenclub Amicitia». Sie habe durch ein Inserat im «Tagblatt der Stadt Zürich» Lesben kennen gelernt, als sie nach Zürich gezogen sei, erzählte Ida Erne mir 1990. Darunter waren auch Anna Vock und «eine gewisse Thoma, die immer wieder den Vornamen wechselte und Bibelstunden gab». Ida Erne zog jedoch erst im Mai 1934 nach Zürich. Vielleicht hatte sie die Frauen bereits 1931 kennengelernt, da Nussbaumen von Zürich mit Bus und Bahn nur eine Dreiviertel-Stunde entfernt war.

Nach sechsjähriger Mitarbeit in den Gaststätten ihrer Mutter nahm Ida Erne in der Saison 1933/34 eine Stelle im Hotel «Federico» in Lugano an, wo sie auch Italienisch lernte. Danach zog sie mit 28 Jahren nach Zürich. Sie wohnte bei ihrer Schwester Maria und deren Familie in der St. Moritz-Strasse. Nach einem halben Jahr zogen alle gemeinsam an die Berninastrasse in Zürich-Oerlikon. Das erste Kind von Schwester und Schwager hatte von Geburt an grosse gesundheitliche Schwierigkeiten und starb bereits mit sechs Jahren. Das zweite Kind war bei Ida Ernes Einzug noch ein Baby. Es ist gut möglich, dass die immer sehr hilfsbereite Idy ihre Schwester Maria in dieser schwierigen Zeit unterstützen wollte. Ida Erne blieb fast zwei Jahre bei dieser Familie, bis sie im

März 1936 zu ihrem Arbeitgeber, dem Café Usenbenz am Rennweg, im Zentrum von Zürich umzog.

Im Café Usenbenz arbeitete Ida Erne während sechs Jahren, als «Buffetdame». Danach meldete sie sich für ein kurzes Intermezzo nach Winterthur ab, wo sie ihren zehn Jahre jüngeren Bruder Robert bei der Arbeit unterstützen wollte. Dieser hatte, erst 24-jährig, das Restaurant Casino von der Stadt Winterthur gepachtet. Offenbar war der gelernte Bäcker als Wirt jedoch nicht erfolgreich und Ida Erne zog nach einem halben Jahr zurück nach Zürich.

Ab Januar 1941 arbeitete Ida Erne als «Serviertochter» beim «Zürcher Frauenverein für alkoholfreie Wirtschaften», der in Zürich zwanzig Restaurants führte. Es war das Ziel dieser Organisation, die Ende des 19. Jahrhunderts von Bürgerfrauen gegründet wurde, den Arbeiterinnen und Arbeitern eine warme Mahlzeit ohne Alkoholkonsum anzubieten. Ida Erne arbeitete zuerst im Restaurant Zimmerleuten am Limmatquai. Sie besuchte gleichzeitig die «Wirtefachschule Belvoir» in Zürich, die sie erfolgreich mit dem «Fähigkeits-Ausweis für die Führung einer Wirtschaft mit Alkoholausschank» abschloss. Nun hätte sie auch selbständig ein Café oder Restaurant führen können, was sie zunächst erwog, sich jedoch dagegen entschied. Sie blieb dem «Zürcher Frauenverein» insgesamt fünf Jahre treu, nun als «Buffetvorsteherin» im Restaurant Börse in der Nähe des Paradeplatzes.

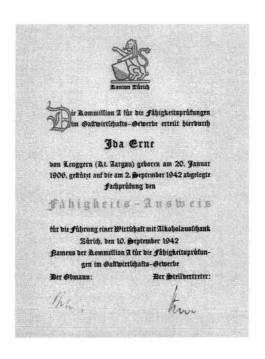

Bis Ende der 1960er Jahre war es einer unverheirateten, berufstätigen Frau nur selten möglich, eine eigene Wohnung zu mieten. Ida Erne teilte sich normalerweise ein Zimmer mit Kolleginnen oder hatte im besten Fall ein eigenes Zimmer bei der Arbeitgeberin, oder sie war zur Untermiete bei Privatleuten. Eine eigene Wohnung dagegen war ein grosser Luxus, der für eine Frau, die in einem «Tochterberuf» oder «Fräuleinberuf» (Iris von Roten, 1958) arbeitete, normalerweise nicht bezahlbar war.

Es wundert deshalb nicht, dass Ida Erne in ihrem ersten Jahrzehnt in Zürich mehrmals umzog. In Zürich lassen sich die Stationen genau nachverfolgen dank ihrer Einbürgerungsakte. Nachdem sie zwei Jahre bei ihrer Schwester und Familie gewohnt hatte, logierte sie vier Jahre bei der Arbeitgeberin (Café Usenbenz) und ein halbes Jahr beim Bruder (als ihrem Arbeitgeber) in Winterthur. Wieder zurück in Zürich bezog sie zuerst Quartier bei Privatleuten, je ein halbes Jahr an der Alfred-Escher-Strasse 4 und an der Storchengasse 23, beides Adressen im Zentrum Zürichs. Danach war sie ein halbes Jahr bei ihrer Mutter an der Nansenstrasse 3 in Zürich-Oerlikon gemeldet. Von 1942 bis 1945 wohnte sie dann in einem Zimmer bei ihrer Arbeitgeberin «Zürcher Frauenverein» an der Kirchgasse 14 im «Karl der Grosse». Im Oktober 1945 zog Ida Erne nochmals zu ihrer Mutter, sowie ihrer jüngsten Schwester Hedi, nach Zürich-Oerlikon.

Nach dem Tod ihrer Mutter konnte Ida Erne deren Wohnung als Mieterin übernehmen. Mit 40 Jahren verfügte sie nun über eine eigene Wohnung und durfte selbst entscheiden, wen sie als Untermieterin aufnahm. Im Jahr

1965 zahlte sie für diese 3-Zimmer-Wohnung 209 Fr., wovon sie zwei Zimmer für insgesamt 155 Fr. vermietete. Lange Zeit war Frau Näf, die Witwe eines Musikers aus Deutschland, ihre Untermieterin, und die beiden Frauen verstanden sich bestens. Im Unterschied zu vielen ledigen Frauen war es Ida Erne damit möglich geworden, im eigenen Haushalt zu leben und eine Wohnung für sich einzurichten und zu gestalten. Doch allein konnte sie sich die Wohnung nicht leisten.

Ida Erne hatte immer guten Kontakt zu ihrer grossen Familie: Idas Schwestern und deren Kinder kamen regelmässig zu Besuch. Auch der Bruder machte gern einen Abstecher nach Zürich-Oerlikon, wenn er und seine Familie einen Ausflug von Luzern nach Zürich unternahmen.

Aufbruch in die berufliche Unabhängigkeit

Ida Erne, ca. 1946

1945 war der Zweite Weltkrieg zu Ende und 1946 war Ida Ernes Mutter gestorben. Ida Erne hatte fünf Jahre beim «Zürcher Frauenverein» als «Serviertochter» und «Buffetvorsteherin» hart gearbeitet. Nun wagte sie es mit 40 Jahren, ihre sichere Anstellung beim Zürcher Frauenverein zu kündigen. Sie verliess den typischen Frauenberuf als «Saaltochter», «Ladentochter», «Serviertochter», «Buffetdame» – wie ihre Berufstätigkeit in der Meldekarte der Einwohnerkontrolle Zürich aufgeführt ist – und machte die ersten Schritte in Richtung unabhängiger Tätigkeit. Gemeinsam mit einem «Herrn», wie es ihre Nichte formulierte, reiste Ida Erne die nächsten zwei Jahre mit einem Auto durch die ländlichen Kantone und verkaufte den Bauern die Radios der Firma Hänni, die an der Zweierstrasse in Zürich ansässig war. Vermutlich durfte sie auf diesen Fahrten über Land auch ab und zu das Autofahren mit ihrem Kollegen üben. Jedenfalls erwarb Ida Erne den Führerschein zum Fahren eines Personenwagens. Im Juni 1948 meldete sie sich in Zürich für vier Monate nach Rieden, Sankt Gallen ab. Dieser Ort lag malerisch an einem Berghang, hatte ein Kurhaus und zählte gut 400 Einwohnerinnen und Einwohner. Heute ist Rieden ein Ortsteil von Gommiswald, knapp eine Autostunde von Zürich und St. Gallen entfernt. Ob Ida Erne dort im Sommer eine Freundin besucht hat? Oder ob sie sich die Übernahme eines Restaurants überlegt hat? Ob sie von da aus neue Kontakte gesucht hat? Ob sie von «Frl. Anna Süess», ihrer späteren langjährigen Chefin, eingeladen wurde oder sie dort kennen gelernt hat? Dazu gibt es leider weder Erinnerungen von Angehörigen noch Fotos.

Sicher ist, dass Ida Erne nach ihrer Rückkehr von Rieden als «Vertreterin» (Handelsreisende) für die Firma «Messmer & Co., Stoffe und Stickereien», St. Gallen, zu arbeiten begann. Da sie dafür ein Auto brauchte, kaufte sie einen Renault CV 4. Der Besitz eines Autos war noch sehr ungewöhnlich, zumal für eine Frau. Laut Statistischem Jahrbuch der Stadt Zürich kamen 1948 auf 24 Personen ein Auto. Zum Vergleich: Im Jahr 2020 waren es zwei Personen pro Auto. Möglicherweise wurde sie von ihrer Schwester Maria und deren Mann, einem Bankangestellten, beim Kauf des Wagens unterstützt. Jedenfalls lud Ida Erne die beiden sowie deren Tochter zu einer kleinen Reise durch die Schweiz ein, auf der sie Verwandte in Graubünden und der Innerschweiz besuchten.

Ida Erne, Mitte, beim Skifahren mit Freundinnen, 1930er Jahre

Ab 1948 fuhr Ida Erne allein mit ihrem Auto durch die ländlichen Gebiete und verkaufte die Stoffe der Firma Messmer & Co. Im Jahr 1959 übernahm Fräulein Anna Süess die Leitung dieser Firma, welche fortan Firma Süess & Co. hiess. Dieser Firma blieb Ida Erne bis zur Pensionierung 1977 treu. Als Kundschaft gewann sie auch ihre weit verzweigte Verwandtschaft in der Innerschweiz und im Aargau; mehrere Nichten kauften die ganze Aussteuer und den Stoff für das Hochzeitskleid bei «Tante Idy» ein, «obwohl diese Stoffe recht teuer waren». Auch ihre Schwägerin, welche im Gartenrestaurant Flora in Luzern als Serviertochter arbeitete, lud jeweils ihre Kolleginnen zum Kaffee mit Ida ein, damit diese ihnen ihre Stoffe präsentieren konnte, wie sich der Sohn Kurt Erne erinnerte. Es gelang Ida Erne, sich eine selbstständige Berufstätigkeit mit gutem Einkommen aufzubauen. Sie hatte keinen festen Arbeitsplatz mehr und keine Chefin, die sie womöglich antrieb und überwachte, sondern sie konnte ihre Verkaufstouren selbst planen und mit ihrem Auto durch die Schweiz fahren. Die Tätigkeit als Vertreterin übte Ida Erne in einer Anstellung aus, die vermutlich mit einer Provision verbunden war. Offensichtlich repräsentierte sie ihre Firma gut. Sie hatte ein gepflegtes Äusseres und trat gewandt auf. Eine Nichte erinnerte sich an ihre Aussage: «Wenn ich keinen Lippenstift verwende, dann geht es mir nicht gut.» Ida trug Kleider aus guten Stoffen, und zwar Kostüme (Jacke mit Jupe). Auch ihr Auto pflegte sie sorgfältig, wie aus einem Brief an ihre Nichte 1952 hervorgeht:

Ja mein «Wägeli» lebt noch fest u. ich damit. Es zeigen sich so langsam Abnützungserscheinungen. Heute zum Beisp. hatte es plötzlich platt. Bewahre, Nagel gab es keinen. Der Reifen (Pneu) ist derart abgelaufen, ein spitzer Stein hat damit das Loch im Schlauch verursacht. Aber sonst hält es sich tapfer. Ich bin natürlich auch sehr gut u. lieb mit ihm. Habe ziemlich viel Gefühl dafür u. lasse meine Wut nicht an ihm aus, was zum Beispiel bei den Männern nicht der Fall ist. Da fluche ich lieber, das schadet wenigstens nichts.

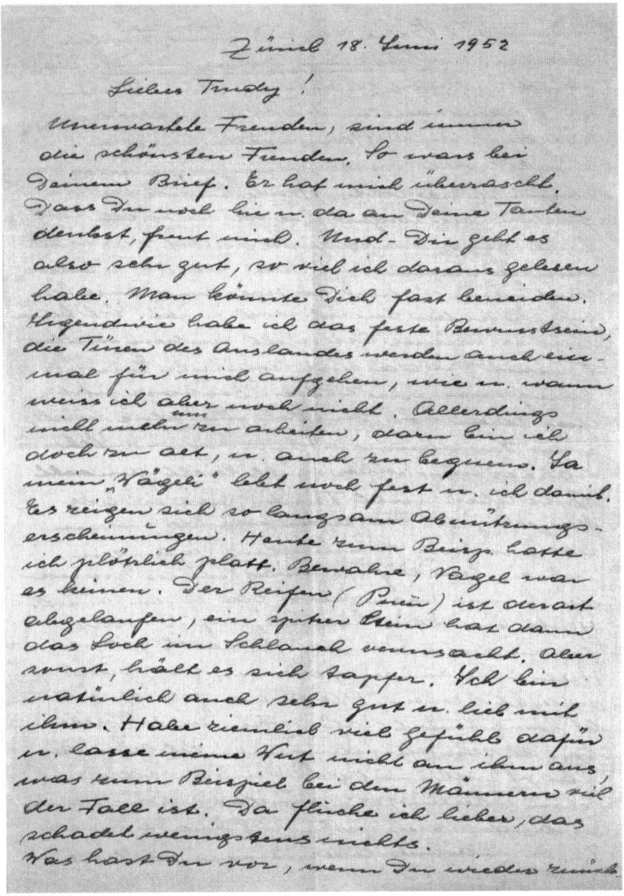

Zürich 18. Juni 1952

Liebes Trudy!

Unerwartete Freuden, sind immer die schönsten Freuden. So war's bei Deinem Brief. Er hat mich überrascht. Dass Du noch hie u. da an Deine Tante denkst, freut mich. Und - Dir geht es also sehr gut, so viel ich daraus gelesen habe. Man könnte Dich fast beneiden. Irgendwie habe ich das feste Bewusstsein, die Türen des Auslandes werden auch einmal für mich aufgehen, wie u. wann weiss ich aber noch nicht. Allerdings nicht mehr um zu arbeiten, dazu bin ich doch zu alt, u. auch zu bequem. Ja mein „Vägeli" lebt noch fest u. ich damit. Es zeigen sich so langsam Abnützungserscheinungen. Heute zum Beisp. hatte ich plötzlich platt. Bewahre, Nagel war es keinen. Der Reifen (Pneu) ist durchaus abgelaufen, ein spitzer Stein hat dann das Loch im Schlauch verursacht. Aber sonst, hält es sich tapfer. Ich bin natürlich auch sehr gut u. lieb mit ihm. Habe ziemlich viel Gefühl dafür u. lasse meine Wut nicht an ihm aus, was zum Beispiel bei den Männern viel der Fall ist. Da fluche ich lieber, das schadet wenigstens nichts.

Was hast Du vor, wenn Du wieder zurück

Brief von Ida Erne an ihre Nichte Trudy in London, 18.6.1952

Als der Renault ersetzt werden musste, entschied sie sich für einen VW-Käfer. Im Jahr ihrer Einbürgerung in Zürich, 1965, wies Erne als Vertreterin ein Einkommen von 800 Fr. im Monat aus (Einbürgerungsakte Ida Erne, Zürich). Dieses Einkommen entsprach demjenigen einer angelernten Angestellten in der Textilindustrie, und war damit um einiges höher als das Einkommen einer Leiterin des Service im Gastgewerbe. Allerdings lag das Gehalt auch ein Drittel tiefer als das Einkommen eines männlichen Angestellten (Statistisches Jahrbuch der Schweiz).

Ida Erne hatte es also geschafft, mit ihrem Umstieg von der Arbeit im Gastgewerbe zur Arbeit als Vertreterin, ein gutes Einkommen zu erzielen. Zudem war sie Mieterin einer Wohnung und besass ein eigenes Auto. Sie konnte nun mit fünfzig Jahren ein unabhängiges Leben führen. Einen besonderen Eindruck hinterliess in der Verwandtschaft, dass Ida Erne regelmässig am Freitagmittag ihre Arbeit beendete und sich danach höchstens noch um Autopflege oder Buchhaltung kümmern musste – und dies in einer Zeit, in der die meisten Leute auch am Samstagmorgen arbeiteten. So blieb Ida Erne der Firma Süess & Co. 25 Jahre lang treu und liess sich erst mit 68 Jahren pensionieren, sechs Jahre über dem damaligen Pensionsalter von Frauen. Im Lebenslauf, den ihre Nichte für die Abdankung verfasste, würdigte sie Ida Ernes Berufswechsel folgendermassen:

Doch der Traum, im eigenen Geschäft Herr und Meister zu sein, hatte sie in kleinem Mass verwirklicht. Sie trat in den Aussendienst, verkaufte Radios, Perlen, Stoffe, sich immer ganz einsetzend, sich aber immer die Unabhängig-

keit bewahrend. Als sie vor 17 Jahren in den Ruhestand trat, hatte sie ihre Kunden, die auch ihre Freunde waren, schweren Herzens aufgegeben und sie benutzte jede Gelegenheit, alte Bekanntschaften aufzufrischen, und freute sich an jeder Wiederbegegnung.

Der damals 18-jährigen Nichte hatte die 46-jährige Ida in dem bereits zitierten Brief von 1952 auch etwas Persönliches anvertraut:

Heute bin ich ja zufrieden. Die Sorgen, die ich hie u. da noch habe, sind rein materieller Art. Das wird mir aber auch von Jahr zu Jahr besser. Und wenn sie noch so gross sind, die Sorgen – heiraten tu ich doch nicht. Ich kann mir u. meiner Art nicht untreu werden. Findest du das eine komische Einstellung von mir? Du – Du hast jetzt das Leben vor Dir. Ich wundere mich, was du daraus machen wirst. Ich habe es mir selber nicht leicht gemacht. Weiss aber nicht Trudy, wie ich als Mensch jetzt dastehen würde, wenn alles so am Schnürchen gegangen wäre. Um reif u. etwas weiser zu werden, muss man hie u. da unten durch.

Ida Erne lebte über dreissig Jahre in der Wohnung an der Nansenstrasse in Zürich-Oerlikon. Danach zog sie in das neu gebaute städtische Alterszentrum Dorflinde, fünf Gehminuten von ihrer Wohnung entfernt. Auch dort lebte sie selbstständig in einer Ein-Zimmer-Wohnung.

Ida Erne, links (Zeitungsausschnitt)

Sie konnte hier auch ihre gesellige Seite pflegen. Ein Zeitungsfoto zeigt sie 1973 im neu eröffneten Alterszentrum Dorflinde als Teilnehmerin eines Jass-Turniers. Von ihrem Zuhause in der Dorflinde in Zürich-Oerlikon aus besuchte sie regelmässig mit dem Auto, später mit dem Zug, ihre Schwester Maria in Nussbaumen, welche nach dem Tod ihres Mannes in eine Wohnung in dessen Elternhaus gezogen war.

Dort lebten in einer zweiten Wohnung zwei ledige Schwägerinnen. In diesem Haus versammelten sich auch die anderen ledigen Schwestern von Ida Erne gerne zu einem Kaffee am Sonntagnachmittag. Gerne wurde dabei eine Partie Jass gespielt, und auch Marias erwachsene Kinder schauten ab und zu vorbei.

Bei Schwester Maria, links, in Nussbaumen: Geburtstagskaffee für Ida Erne, rechts

Ida Erne lebte während 17 Jahren bei guter Gesundheit im Alterszentrum Dorflinde in Zürich. Dort starb sie am 30. November 1990 nach einer kurzen Krankheit in ihrer Wohnung.

Zürcher Bürgerin

Es war ein grosses Glück für meine Recherchen, dass Ida Erne als 59-jährige Frau 1965 das Bürgerrecht der Stadt Zürich erworben hat, wofür sie über sämtliche Stationen ihres bisherigen Lebens Auskunft geben musste. Warum war es für sie überhaupt erstrebenswert, als Bürgerin von Leuggern im Kanton Aargau geboren, das Bürgerrecht von Zürich zu erhalten? Vermutlich wollte sie sicherstellen, dass sie auch im Alter in Zürich bleiben könnte und einen Platz im städtischen Altersheim erhalten würde. Bis Ende der 1970er Jahre konnten Menschen von ihren Wohnsitzgemeinden in ihre Heimatgemeinden abgeschoben werden, falls sie staatliche Unterstützung benötigten. Deshalb beantragten viele Schweizerinnen und Schweizer aus anderen Kantonen das Bürgerrecht am neuen Wohnort. In Zürich wurden neben Ida Erne im Jahr 1965 weitere 1223 Schweizerinnen und Schweizer ins Stadtzürcher Bürgerrecht aufgenommen. Im Vergleich dazu war die Anzahl von 182 Ausländerinnen und Ausländern (84 in der Schweiz und 98 im Ausland geboren) sehr gering, welche im selben Jahr in das Bürgerrecht in Zürich (und damit auch das Schweizer Bürgerrecht) aufgenommen wurden. Eine Einkaufsgebühr musste Ida Erne nicht bezahlen, sondern nur 15 Fr. Stempelgebühr für die Bestätigungen aus den verschiedenen Ämtern wie Einwohnerkontrolle, Steueramt, Fürsorge, Betreibungsamt, Polizei, Schweizerisches Zentralstrafregister.

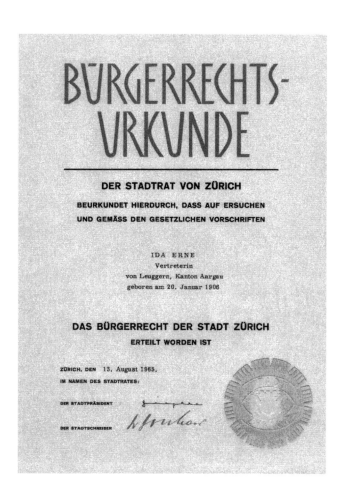

Eine lesbische Identität finden

«Ein ausgezeichnetes Talent hat sich Irene mit der Zeit angeeignet, um den inneren Menschen zu tarnen. Sie ist vorsichtig geworden, sehr vorsichtig» (42), schreibt

Ida Erne in ihrer Erzählung über die Protagonistin. Das traf auf die Autorin selbst offenbar genauso zu. So häufig sie sich zum Beispiel mit ihrer grossen Herkunftsfamilie austauschte, so rege der Kontakt untereinander war – oft trafen sich alle drei ledigen Schwestern bei der verwitweten Schwester in Nussbaumen – so wenig waren die Liebesgefühle von Ida oder jene der weiteren ledigen Schwestern und Schwägerinnen ein Thema.

Welche Kontakte hatte Ida Erne selbst mit anderen lesbischen Frauen aufnehmen können? Bei der Gründung des «Damenclub Amicitia» war sie 25 Jahre alt gewesen, fünf Jahre jünger als Laura Fredy Thoma und 21 Jahre jünger als Anna Vock. Auf meine Fragen antwortete mir 1990 Ida Erne, von einem Damenclub habe sie nichts gewusst. Anna Vock und Laura Thoma habe sie über ein Inserat im «Tagblatt der Stadt Zürich» kennen gelernt. «Die Thoma» habe immer wieder den Vornamen gewechselt und Bibelstunden erteilt. Auch von Anna Vock erzählte sie mit einer gewissen Distanz, obwohl sie sich mit Anna Vock und deren Freundin ab und zu für eine Partie Jass in deren Wohnung traf. Vermutlich besuchte sie diese Frauen an der Anwandstrasse 5 oder an der Langstrasse 67. Von dort aus wären es gut fünf Minuten zu Fuss zum Café «Albis» an der Ecke Zinnistrasse/Rolandstrasse gewesen, das sich als «Treffpunkt für die Artgenossinnen und Artgenossen» in der Zeitschrift «Freundschaftsbanner» empfahl. Gut möglich, dass die Frauen nach Spielende gemeinsam einen Abstecher ins Café «Albis» machten. Danach wäre Ida Erne dann in zwanzig Minuten Zuhause gewesen.

Im Zürich der 1950er Jahre gab es einige einschlägige Lokale, in denen sich lesbische Frauen trafen, wie die Fotografin Liva Tresch, geboren 1933, als 80-jährige Frau berichtete:

In einer Gruppe von fünf bis zehn Frauen lungerten wir in verschiedenen Bars auf der Strasse herum. Wir verkehrten in der «Älpli Bar», dem «Johanniter», bei Hans im «Select», wo sich die Frauen im hinteren Teil der Bar trafen. Der «Blaue Reiter», das «Musique» und der «Barfüsser». Die Bars waren gemischt, Männer und Frauen. Man wusste halt, wo man sich traf. (Rufli, 2015, 195)

Ida Erne hat zum Teil von diesen oder anderen Lokalen gewusst und vermutlich sporadisch in ihnen verkehrt. Sie berichtete mir, dass ihre holländische Freundin, die sie anfangs der 1950er Jahre in Zürich kennen und lieben gelernt hatte, «mit Zürcherinnen losgezogen» sei, wenn sie gearbeitet habe. Gut vorstellbar ist auch, dass sie in den Kinos von Zürich die beiden Versionen des Films «Mädchen in Uniform» gesehen hat. Im April 1953 wurde im Kino Wellenberg im Niederdorf die ursprüngliche Version von 1931 der Regisseurin Leontine Sagan mit Hertha Thiele und Dorothea Wieck in den Hauptrollen gezeigt. Im Juli 1959 wurde die Neuverfilmung von 1958 mit Romy Schneider und Lilli Palmer in den Hauptrollen im Kino Sternen in Zürich-Oerlikon gespielt. Diese Aufführungen wurden in Annoncen in den Tageszeitungen angekündigt, wie hier beispielsweise in der grossen Schweizer Tageszeitung «Die Tat».

In der Erzählung «Anders als die Andern» tauchen verschiedene Spuren auf, die von diesem Wissen zeugen (s. weiter unten). Eine Lebenspartnerin aber hat Ida Erne offenbar nicht gefunden, auch in diesem Umfeld nicht; es war ja auch nicht gross.

Ida Erne mit Frauengruppe beim Skifahren, 1930er Jahre

Wie lesbische Frauen in den 1950er und 1960er Jahren gelebt haben, ob und welche Kontakte sie zueinander gepflegt haben, ist noch wenig bekannt. Mit ihrem Buch «Seit dieser Nacht war ich wie verzaubert» hat Corinne Rufli hier erstmals «frauenliebende Frauen» der Jahrgange 1931 bis 1942 über ihre Erfahrungen befragt. Die meisten dieser Frauen lebten bis in die 1970er Jahre sehr vereinzelt. Das gesellschaftliche Totschweigen von Lesben hat viel Leid verursacht und die Bildung einer lesbischen Identität enorm erschwert. Davon war Ida Erne nicht ausgenommen. Wie sie mir erzählte, hat sie erstmals mit einem Arzt über ihr Lesbischsein gesprochen. Dieser habe sie zu einer Psychiaterin geschickt, von welcher Ida Erne voller Anerkennung sprach: Diese Psychiaterin wollte sie zuerst «wieder auf den rechten Weg bringen», erst als sie merkte, dass dies nicht ging, habe sie ihr empfohlen, «sich damit abzufinden.» Sie bezeichnete die Psychiaterin auch als ihre «psychologische Führung». Als aber Ida Erne einmal überlegte, ein Café «für solche Menschen» zu eröffnen, habe die Psychiaterin davon abgeraten. Das Schreiben jedoch habe sie ihr empfohlen.

Es wäre für Ida Erne wohl bestärkend gewesen, hätte sie den Artikel einer «Lesbierin» gelesen, der im Jahr 1959 in der Zeitschrift «Der Kreis» erschien und mit dem Kürzel E.W. unterzeichnet war: «Nicht unter der Veranlagung leiden wir, sondern unter der Verheimlichung», heisst es da und weiter:

Verlangt nicht die Würde jedes Einzelnen, auf seine natürliche Art anerkannt, toleriert und in Ruhe gelassen zu werden? – Nein, die Veranlagung ertragen wir. Ein Jeder muss sein Schicksal auf sich nehmen. Aber die ewige Maske macht müde, das ständige Verbergen reibt auf. Ehrlichkeit gegen sich selber und andere ist auch uns zu eigen.

Autobiografische Spuren in der Erzählung

Der Text «Anders als die Andern» basiert, wie Ida Erne mir berichtete, auf ihrer einzigen Liebesbeziehung. Sie lernte diese Frau, eine Holländerin, über das Freundschaftsnetz von Anna Vock kennen. Diese hatte Ida Erne gefragt, «ob eine Holländerin, die an ein Treffen mit homosexuellen Männern nach Zürich komme und eine Übernachtungsgelegenheit suche, ob sie bei ihr (in ihrer 3-Zimmerwohnung) übernachten könne». Dies geschah anfangs der 1950er Jahre über Karl Meier (damals bekannt unter dem Tarnnamen «Rolf»), mit dem Anna Vock Ende der 1930er Jahre in der Zeitschrift «Menschenrecht» zusammengearbeitet hatte und befreundet geblieben war. Er hatte im Mai 1951 als Präsident der Zürcher Homosexuellen-Vereinigung «Der Kreis» in Amsterdam am ersten «International Congress for Sexual Equality» in Amsterdam teilgenommen, wo zum Abschluss auch die Aufforderung an die UNO gerichtet wurde, «die menschliche, soziale, gesetzliche Gleichberechtigung der homosexuellen Minderheit in der ganzen Welt zu erreichen» (schwulengeschichte.ch). Vermutlich nach diesem Amsterdamer Kongress kam vom 55-jährigen Rolf die Anfrage über die 67-jährige Anna Vock an die 46-jährige Ida Erne, ob eine Holländerin in ihrer Wohnung übernachten könne. In diese Frau verliebte sich Ida Erne.

Die geliebte Freundin war zwar nicht die Dirigentin einer Damenkapelle, doch die Szenerie, in der die erste Begegnung von Irene und Fritzy stattfindet, ist sehr reali-

Mit ihrer Freundin am See, 1950er Jahre

tätsnah geschildert. Ida Erne kannte das Gartenrestaurant «Flora» in Luzern gut, weil ihre Schwägerin jahrzehntelang hier im Service arbeitete und sie dieses Lokal anlässlich ihrer späteren Reisen als Vertreterin besuchte. In der Sommersaison spielten dort kleine Orchester, meist männlich besetzt, aber auch eine Damenkapelle aus Holland war dabei, wie sich ein Neffe erinnerte. Auch weitere Schauplätze der Erzählung – wie die Schiffsreise auf dem Vierwaldstättersee, das Restaurant Roggerli in Hergiswil, das Wohnzimmer in Zürich-Oerlikon hat Ida Erne realitätsgetreu beschrieben.

Die Arbeitsatmosphäre im Restaurant des Frauenvereins wird sehr anschaulich geschildert. Die Arbeitsbelastung und der Druck auf die Mitarbeiterinnen waren hoch, auf deren Privatleben wurde wenig Rücksicht genommen.

Auf der Direktion von Irenes Arbeitsstätte herrscht trotz der Kälte eine heisse, explosionsartige Stimmung. Fräulein Brun hat sich erneut über Arbeitsbelastung beklagt, die ihre Kräfte überschreite, und dringend um Hilfe gebeten. ‹Kommt denn die Hasler noch nicht? Jetzt ist es aber genug. Warum schickt sie diese Ausländerin nicht in das Spital? Unverantwortlich ist ein solches Handeln.› Madame Monier ist äusserst wütend, sie gibt den Auftrag, Irene auf zwei Uhr ins Büro zu bestellen. Furchterregend wirken die von ihr ausgesprochenen Worte: ‹Wenn Fräulein Hasler ihre Arbeit nicht wieder aufnimmt, hat sie die Konsequenzen selbst zu tragen!›

Diese Stimmung breitet sich über das ganze Unternehmen aus. Die bekannten Worte: «Einsparen, einsparen, wir sind wohl ein soziales Unternehmen, aber kein Wohltätigkeits-Institut» – bekommen an diesem Morgen einige der führenden Persönlichkeiten zu hören. (111)

Einzigartig im Vergleich mit anderen literarischen Darstellungen der 1950er Jahre ist, dass Ida Erne eine Liebesbeziehung beschreibt, in der drei Frauen miteinander verbunden sind und jeweils zwei miteinander offen über ihre Beziehungen sprechen. So versuchen sie, sich möglichst nicht zu verletzen und gleichwohl ihre Wünsche auszuleben. Kathy spricht mit ihrer Freundin Fritzi, bevor sie Irene zur ersten Liebesnacht begleitet, und sie spricht auch mit Irene über Fritzl. Im Zentrum des Geschehens ist Kathy, welche zwischen ihrer langjährigen Freundin und Mitarbeiterin Fritzi und der neuen Geliebten Irene steht und Irene für einen längeren Urlaub in Zürich besucht. Doch als Kathy krank wird, meldet sich Irene bei Fritzi und bittet um Unterstützung. Darauf reagiert Fritzi positiv und schickt ihr Geld.

Spannend ist zu erfahren, wie Irene die für sie «andere» Welt erlebt, in der sie erstmals auf Frauen und Männer trifft, die ihre Homosexualität nicht verstecken. Die lesbische Musikerin Kathy tritt mit ihrer Damenkapelle erfolgreich öffentlich auf. Der schwule Freund Peter verrichtet mit Passion traditionell weibliche Hausarbeit. Diese beiden Figuren überschreiten beide ihre Geschlechterrollen, was der Protagonistin Irene nicht ganz geheuer ist. Dazu Ernst Ostertag (*1930), welcher die 1950er Jahre als junger Erwachsener erlebt und sich intensiv mit Schwulengeschichte auseinandergesetzt hat nach der Lektüre des Manuskripts, das ich ihn einzuschätzen gebeten hatte, in einem Mail an mich:

Diese Beschreibung ist echt. Vielleicht ein bisschen übertrieben aus der Sicht von Irene, deren Reaktion jedoch sehr glaubhaft und typisch ist für jemand – Frau oder Mann – die/der erstmals in einen schwulen Haushalt kommt und das alles höchst exotisch findet. Zudem dreht die Frage im Kopf «Ist das nun die Welt, der du zugehörst????» Und genau da ist der Text grossartig, finde ich. Die Tränen und wie sie verleugnet/verdrängt werden, um dann in der Dunkelheit im Arm der Freundin/Geliebten sich – angedeutet – erklären, ohne ausgesprochen zu werden. Ich finde das entspricht total jener Zeit und berührt auch den Menschen von heute.

In die Erzählhandlung fliessen vermutlich auch diesbezüglich eigene Erfahrungen der Autorin ein, so das Erlebnis der Verliebtheit mit der ersten Schulfreundin und auch die Irritation über den Besuch beim «weiblichen» Peter im Vergleich zur «männlichen» Kathy. Solche Schilderungen berühren, weil hier vorsichtig nach Worten für zuvor Unaussprechliches gesucht wird.

Doch das Ende der Erzählung folgt dann dem Klischee, wonach die geliebte Lesbe am Schluss sterben muss. Dies war auch im Film «Mädchen in Uniform» der Fall und in einer Reihe von Romanen, z.B. von Ilse Frapan, Anna Elisabet Weirauch und Luise Rinser (Marti 1992, 59). In Ida Ernes «Anders als die Andern» stirbt die lesbische Dirigentin wenigstens nicht durch Selbstmord, sondern daran, dass sie zu viel gearbeitet hat, krank wurde und sich nicht mehr erholen konnte.

Ida Erne selbst allerdings hatte die Beziehung zu ihrer holländischen Freundin von sich aus abgebrochen, weil die holländische Freundin auf ihre Kosten habe leben wollen.

Was Ida Erne in dieser Erzählung ebenfalls eindrücklich schildert, ist die Erfahrung mit der Psychiaterin, mit deren Unterstützung Irene versuchte, «den Männern näher zu kommen» (41). Obwohl sie dies mit ihrem Verstand erzwingen wollte, gelang es ihr nicht.

Mit der Zeit musste auch ihre mütterliche Freundin – die Seelenärztin – diese Ohnmacht einsehen. Sie drängte nicht mehr weiter. Zusammen suchten sie das Rüstzeug, das Irene mit in das Leben erhalten hat, um über alles hinweg ein glücklicher Mensch zu werden. Es war nicht leicht. Stufe um Stufe musste erklommen werden und wie

181

oft fiel man wieder zurück – zurück zur Mut- und Ausweglosigkeit. (42)

Die Psychiaterin übernahm also zuerst die in ihrem Berufsstand lange vorherrschende Pathologisierung der Homosexualität, ehe sie dann doch Partei für ihre Klientin ergriff. Auch dies war in den 1950er Jahren keineswegs selbstverständlich: Sigmund Freud hatte zwar bereits 1920 dargelegt, dass Homosexualität keine Krankheit ist, aber von der American Psychiatric Association wurde die «Homosexualität» erst 1973 aus dem Krankheitskatalog gestrichen, von der Weltgesundheitsorganisation WHO sogar erst 1992.

Ida Erne (2.v.r.) mit Freundinnen in einem Gartencafé, Mitte der 1920er Jahre

Die Figur der Irene Hasler macht auch deutlich, wie eine lesbische berufstätige Frau in den Konflikt zwischen anspruchsvoller Berufstätigkeit einerseits und ihrer tabuisierten, verschwiegenen Liebe andererseits gerät, auch dies eine Erfahrung, die Idas eigene Berufserfahrung widerspiegelt. Dass Irene kündigt, als sie nicht frei nehmen darf, um die kranke Geliebte Kathy zu pflegen, zeigt sie in ihrer Verzweiflung mutig werdend. Nach vielen Jahren eines «liebeleeren» Lebens kämpft sie um ihr Glück und das Leben ihrer Geliebten.

Ida Erne selbst allerdings hat im Verborgenen nach ihrem privaten Glück und einer Liebesbeziehung gesucht. Dies unterscheidet sie von Laura Fredy Thoma und Anna Vock, welche sich zwanzig Jahre früher mit Gleichgesinnten in einem lesbischen Damenclub organisiert und für gesellschaftliche Akzeptanz gekämpft hatten.

Lesbische Motive

Es sind im Text aber nichtsdestotrotz einige Motive zu finden, die auf eine lesbische Subkultur verweisen. Was die Rose den Heterosexuellen, ist das Veilchen den lesbischen Frauen, nämlich die Blume der Liebe. Bei der Musikerin Kathy sind es die veilchenblauen Augen, welche die Protagonistin Irene anziehen, bei ihrer Jugendliebe Elsy das nach Veilchen duftende Haar.

Eine bekannte Metapher für homosexuelle Menschen ist die Wendung «vom anderen Ufer», und «das Licht» steht für die Fähigkeit, sich als lesbische Frau zu erkennen. Die Lichtmetapher verwendete beispielsweise Laura Fredy Thoma oft in ihren Texten im «Freundschaftsbanner». Als Irene zum ersten Mal mit Kathy zusammen ist und sie ihr dann ihre Liebe gesteht, stehen die beiden

Frauen in Luzern, am Ufer des Vierwaldstättersees, und sehen gemeinsam die «vielen Lichter am anderen Ufer».

Dass Ida Erne Kenntnis einer lesbischen Subkultur hatte, zeigt auch der Titel des Textes «Anders als die Anderen». Genau so heisst der Stummfilm von 1919 von Richard Oswald, der als erster Schwulenfilm gilt: Darin verliebt sich ein erfolgreicher Violinist in einen Studenten. Weil in Deutschland männliche Homosexualität nach Paragraph 175 des Strafgesetzbuches verboten war, endete diese Liebe in einer Tragödie. «Anders als die Anderen» lautet auch der letzte Vers vom «Lied der Anderen», welches von Selli (Selma) Engler (1899-1972), der Vorsitzenden des Berliner «Damen-Klub Erâto» verfasst wurde und in der Berliner Lesbenzeitschrift «Die Freundin» im Oktober 1929 erschien.

Das Lied der Anderen
von Selli Engler

Seid mir gegrüsst, ihr schönen edlen Frauen,
Die ihr euch stolz zu eurer eignen Art bekennt.
Wir wollen fest uns in die Augen schauen.
Dass kleinlich zagen niemals mehr uns trennt.
Wir brauchen nicht zu zittern,
Das Leben uns verbittern.
Wir müssen fest und treu zur Fahne stehn
und stehts die graden guten Wege gehn.
Die Menschen mit alltäglichem Empfinden
Verdammen unser Fühlen ungerecht,

Denn wir begehren keine gröss'ren Sünden,
Wir sind wie sie, genauso gut und schlecht.
Ja, wir sind so geboren,
Zur Liebe auch erkoren;
Da diese uns von Gott gekommen ist,
Deshalb uns keiner doch verachten müsst'.
Bald werden frohe, sonnenhelle Tage
Die Welt erleuchten aus der tiefen Nacht,
Dann hat ein Ende alle Not und Plage
Menschlich Verstehen uns entgegenlacht
Die Ächtung hat ein Ende,
Wir reichen uns die Hände.
Und alle Menschheit staunend dann erst find',
Wie viele anders als die Andern sind.

Zumindest Anna Vock und Laura Fredy Thoma kannten die Zeitschrift «Die Freundin», und Laura Fredy Thoma hat möglicherweise auch Selli Engler in Berlin gesehen. Ob über sie auch Ida Erne von der Zeitschrift und diesem Lied erfahren hat, bleibt offen.

Nun endlich die Publikation

Es hat sich viel geändert in den letzten 30 Jahren. Nicht nur ist die Akzeptanz lesbischen Lebens gross genug geworden, dass ich von Ida Ernes noch lebenden Verwandten kaum mehr mit Erschrecken oder Widerstand rechnen musste, sondern auch die Frauenbewegung kann sich breiteres Interesse leisten als früher.

Im Januar 2020 beschloss ich also, mich für die Publikation dieses in seiner Zeit einmaligen Zeugnisses einzusetzen, das ich im Laufe der drei Jahrzehnte immer mal wieder in die Hand genommen hatte. Die Geschwister von Ida Erne waren gestorben. Deshalb suchte ich nach Auskunftspersonen in der Generation von Nichten und Neffen, um etwas über Ida Ernes Leben zu erfahren. Die Wahrscheinlichkeit, dass einige von ihnen das Vorhaben ablehnen würden, weil sie nicht wollten, dass ihre Tante und ihre Familie mit einem Roman mit lesbischem Thema in Verbindung gebracht würden, war viel kleiner geworden. Nun hoffte ich also auf freundliche Aufnahme und wurde nicht enttäuscht, sondern interessiert und warmherzig begrüsst.

Ich studierte noch einmal die zwanzig Namen auf der Todesanzeige, suchte im Internet, fand einen der Frauennamen auf der Plattform LinkedIn und richtete mich mit einem kurzen Brief an sie. Gabriela Mittelholzer-Vanini antwortete sehr freundlich, gab sich als Grossnichte von Ida Erne zu erkennen und verschaffte mir Kontakt zu ihrer Mutter Trudy Vanini-Drack, die zu ihrer Tante Idy, wie sie im familiären Umkreis genannt wurde, bis zu deren Tod einen guten Kontakt gehabt hatte. Dass ihre (Gross-)Tante lesbisch war, war in der Familie kein Thema gewesen. Es erstaunte die beiden jedoch viel weniger als die Tatsache, dass diese eine lange Erzählung geschrieben hatte. Sie waren neugierig auf den Text. Offensichtlich war das Original von Ida Ernes Text beim Räumen der Wohnung nicht gefunden und aufbewahrt worden.

Als ich Trudy Vanini-Drack in ihrem Haus im Tessin besuchte, war sie mit 86 Jahren zwei Jahre älter als ihre Tante Ida Erne bei meiner Begegnung mit ihr im Jahr 1990. Sie stellte mir den anschaulichen Lebenslauf zur Verfügung, den sie für die Abdankungsfeier ihrer Tante verfasst hatte. Und mehr noch: Sie hatte auch ein kleines Dossier mit Fotos und Dokumenten zu Ida Erne zusammengestellt, ebenso wie für alle ihre fünf ledigen Tanten mütterlicher- und väterlicherseits. Bei der Auflösung von Ida Ernes Wohnung hatte sie zur Erinnerung das Bild der nackten Frau mitgenommen, welche ein Kleid aus ihrem Schrank auswählt und nun auf dem Buchcover abgebildet ist. Den Namen der Malerin oder des Malers konnte ich leider nicht herausfinden.

In der Frauenbewegung ist der Platz grösser geworden, sodass eine Publikation wie diese mit Interesse rechnen kann. Als sich zusammen mit den Emanzipationsbewegungen nach 1968 auch die Lesben den öffentlichen Raum zu erstreiten begannen, taten sie dies im notwendigerweise kämpferischen feministischen Kontext. Und sie suchten nach aktiven Vorbildern in der Geschichte, bei den ersten Studentinnen in der Schweiz und in der lesbischen Subkultur der 1920er Jahre in Berlin und Paris. Zu lebenden lesbischen Frauen aus der Generation ihrer Mütter und Grossmütter hingegen gab es keine Kontakte. Zwischen den Frauen, die vor bzw. nach dem Aufbruch der neuen Frauenbewegung Mitte der 1970er Jahre ihr Lesbischsein wahrnahmen, gab es wenig Berührungspunkte und sehr unterschiedliche Erfahrungen. Wie ich wohl damals auf Ida Erne gewirkt habe? Wahrscheinlich nicht sehr ansprechend, als ich ungeschminkt, kurzhaarig, in Jeans, Pulli, Winterjacke und Winterstiefeln ihr im Restaurant Bahnhof in Wettingen gegenübertrat.

Heute hat es mehr gesellschaftlichen Raum, in der die Diversität lesbischer Frauen sichtbar werden kann. Für heutige Leserinnen und Leser sind sowohl die Texte von Ida Erne wie auch von Laura Fredy Thoma interessant und berührend. Nicht vor allem wegen der literarischen Qualität, sondern weil sie präzise zeigen, wie lesbisches Begehren und damit verbunden auch das Ringen um eine lesbische Identität in einer heteronormativen Umgebung behindert wurde. Und wie die Protagonistinnen auf ihre Weise ihren Weg im Leben gesucht und um ihr Recht auf Liebe gekämpft haben. Und diese – im Falle von Ida Erne wenigstens einmal – glücklicherweise auch gefunden haben.

Ida Erne, Ende 1980er Jahre

Darin berührt Ida Ernes Text noch heute. Ida Erne hatte das Titelblatt ihres Manuskripts mit dem Autorinnennamen «Adda Enrez» versehen. Dieses Pseudonym ist gut erkennbar mit ihrer Biographie verbunden: Ihre Mutter hiess Anna Ida, die älteste Schwester Anna, sie selbst Ida. Anna und Ida sind im Vornamen Adda verbunden. Der Nachname Enrez ist wenig verändert: Aus Erne wurde durch Umstellung Enre und daran angefügt ist ein Z, vermutlich für den selbst gewählten Lebensort Zürich.

Die Wahl eines Pseudonyms hat in der Literatur zu Lesben Tradition. Einige Autorinnen haben ein Pseudonym gewählt, wenn sie lesbisches Leben thematisierten. Beispielsweise veröffentlichte die damals bereits berühmte Schriftstellerin Patricia Highsmith (1921–1995) ihren Roman «The price of salt» (Deutsch unter dem Titel «Carol») zu lesbischer Liebe im Jahr 1952 als «Claire Morgan» und erst im Jahr 1989 unter ihrem richtigen Namen. Ebenfalls unter einem Pseudonym erschien im Jahr 1981 «Sonja. Eine Melancholie für Fortgeschrittene», ein «Bericht über den verborgenen Alltag lesbischer Paare und über das alltägliche Leben mit einer Behinderten» (Verlagstext) im Suhrkamp Verlag. Erst 17 Jahre später, 1998, wurde «Sonja» unter dem richtigen Namen der Autorin, Luise F. Pusch, publiziert. Und selbst in der feministischen Zeitschrift «Lesbenfront» in Zürich unterzeichneten die Autorinnen zwischen 1975 und 1985 nur mit Vornamen oder Pseudonym. Heute ist dagegen Lesbischsein kein anstössiges Thema mehr, so wurde auch im September 2021 die «Ehe für alle» von den Stimmberechtigten in der Schweiz mit 64.1 % angenommen.

Deshalb scheint mir das Pseudonym, das Ida Erne ursprünglich gewählt hatte, nun nicht mehr nötig

Ida Erne hatte 1991 keine Kontakte zu Verlagen und suchte einen anderen Weg und brauchte sicher einiges an Mut, um eine ihr unbekannte Germanistin um Hilfe zu bitten. Dass ich ihrem Wunsch zur Vermittlung eines Verlags damals nicht nachkommen konnte und sie das Erscheinen des Textes nicht erlebt hat, ist umso bedauerlicher. Im Jahr 2022 habe ich nun im eFeF-Verlag die Möglichkeit gefunden, die Erzählung von Ida Erne zu publizieren. Sie erscheint damit im selben Verlag wie das erste Buch zur Schweizer Lesben-Geschichte der deutschen Soziologinnen Ilse Kokula und Ulrike Böhmer: «Die Welt gehört uns doch! Zusammenschluss lesbischer Frauen in der Schweiz der 1930er Jahre».

Madeleine Marti
Dr. phil. Literaturwissenschaftlerin, Zürich

Literaturverzeichnis

Quellen

Bürgerrechtsurkunde des Stadtrats von Zürich für Ida Erne, 13.8.1965.
Einbürgerungsakte von Ida Erne, Zürich, 13.8.1965. Stadtarchiv Zürich.
Ernst Ostertag, Zürich, Mail an Madeleine Marti, 29.4.2020.
Fähigkeits-Ausweis für Ida Erne, Führung einer Gastwirtschaft mit Alkoholausschank. Zürich, 10.9.1942.
Fotos von Ida Erne: Privatbesitz von Trudi Vanini-Drack, Mendrisio.
Fotos von Laura Fredy Thoma: Erhalten von Eva Helg und Anni Buchmann-Stünzi. Privatbesitz von Madeleine Marti, Zürich.
Gedächtnisprotokoll. Gespräch mit Ida Erne, Zürich-Oerlikon, am 15.1.1990 im Restaurant Bahnhof, Wettingen. Verfasst von Madeleine Marti, 22.1.1990.
Ida Erne, Zürich, Brief an ihre Nichte Trudi Drack, London, 18.6.1952
Karten der Einwohnerkontrolle Zürich zu Ida Erne, 23.5.1934 und 14.1.1941. Stadtarchiv Zürich.
Lebenslauf von Tante Idy, verfasst von ihrer Nichte Trudi Vanini-Drack, 30.11.1990.
Statistisches Jahrbuch der Stadt Zürich, 1948.
Statistisches Jahrbuch der Schweiz. Herausgegeben vom Eidgenössischen Amt Statistik, Birkhäuser Verlag Basel, 1965.

Internet

Karl Meier (1897–1974), Eintrag in: schwulengeschichte.ch
Online in der digitalen Bibliothek der ETH Zürich: e-periodica.ch
- Freundschaftsbanner, Zeitschrift. Publiziert in Zürich (1921–1937), danach: Das Menschenrecht (1937–39).
- Lesbenfront, Zeitschrift. Publiziert in Zürich (1975–1985), danach: Frau Ohne Herz (1984–1995), danach: Die (1996–2002) danach: Skipper (2004–2005).
- Uns schreibt eine Leserin: «Nicht unter der Veranlagung leiden wir ...». In: Der Kreis, 3/1959, S. 21.

Literatur

Aimée Duc: Sind es Frauen? Roman über das dritte Geschlecht. Neuausgabe von Nisha Kommattam; Margaret Sönser Breen, Querverlag, Berlin 2020.

Bachmann, Ingeborg: «Interview mit Toni Kienlechner, 9. April 1971», in: Bachmann, Ingeborg: Wir müssen wahre Sätze finden. Gespräche und Interviews, Piper, München, 1983, S. 99/100.

Barthel, Denis: «Selma Engler (1899–1972), eine Bibliographie», in: Mitteilungen der Magnus-Hirschfeld-Gesellschaft, 65/66. Berlin, 2020, S.35–38.

Engler, Selli: «Das Lied der Anderen», in: Meyer, Adele (Hg.): Lila Nächte. Die Damenclubs der Zwanziger Jahre. Köln, 1981, S. 100.

Frapan, Ilse: Wir Frauen haben kein Vaterland. Monolog einer Fledermaus. Berlin 1899 (Neuauflage Berlin 1983)

Haushofer, Marlen: Eine Handvoll Leben. Roman, Wien 1955.

Highsmith, Patricia: The Price of Salt, New York 1952 (unter dem Pseudonym Claire Morgan, 1990 Wiederauflage «Carol» unter Patricia Highsmith).

Isolani, Gertrud: Stadt ohne Männer. Roman, Hamburg 1945.

Kokula, Ilse und Ulrike Böhmer: Die Welt gehört uns doch! Zusammenschluss lesbischer Frauen in der Schweiz der 30er Jahre. eFeF Verlag, Zürich, 1991.

Kräftner, Hertha: Das blaue Licht. Hg.: Breicha, Otto; Okopenko, Andreas. Neuwied 1981.

Marti, Madeleine: Hinterlegte Botschaften. Die Darstellung lesbischer Frauen in der deutschsprachigen Literatur seit 1945. J.B. Metzler, Stuttgart, 1992.

Marti, Madeleine: «Literatur von lesbischen Autorinnen in den dreissiger Jahren. Annemarie Schwarzenbach und Laura Fredy Thoma», in: Ryter, Elisabeth; Studer, Liliane; Stump, Doris; Widmer, Maya; Wyss, Regula (Hg.): Und schrieb und schrieb wie ein Tiger aus dem Busch. Über Schriftstellerinnen in der deutschsprachigen Schweiz. Zürich, 1994, 151–173.

Mensch, Ella: Auf Vorposten. Roman aus meiner Zürcher Studentenzeit. Leipzig, 1903

Pusch, Luise F.: Sonja: eine Melancholie für Fortgeschrittene. Autobiografischer Roman. Frankfurt am Main 1981 (unter dem Pseudonym Judith Offenbach, Wiederauflage 1998 unter Luise F. Pusch).

Reinig, Christa:
- *Mein Herz ist eine gelbe Blume, Christa Reinig im Gespräch mit Ekkehard Rudolph. Düsseldorf, 1978*
- *Erkennen, was die Rettung ist, Christa Reinig im Gespräch mit Marie-Luise Gansberg. München, 1986*
- *Die himmlische und die irdische Geometrie. Roman. Düsseldorf, 1974.*
- *Entmannung. Roman. Düsseldorf, 1976.*
- *Müssiggang ist aller Liebe Anfang. Gedichte. Düsseldorf, München, 1980.*
- *Die ewige Schule. Erzählungen. München, 1982.*
- *Die Frau im Brunnen. Roman. München, 1984.*

Rinser, Luise: Die gläsernen Ringe. Roman, Frankfurt/M. 1949 (Neubearbeitung der Ausgabe von 1941).

Rufli, Corinne: Seit dieser Nacht war ich wie verzaubert. Frauenliebende Frauen über siebzig erzählen. Zürich, 2015.

Schader, Heike: Virile, Vamps und wilde Veilchen. Sexualität, Begehren und Erotik in den Zeitschriften homosexueller Frauen im Berlin der 1920er Jahre. Königstein, 2004.

Stefan, Verena: Häutungen, München 1975.

Stenten, Marlene:
- *Grosser Gelbkopf, Neuwied 1971.*
- *Puppe Else. Berlin 1977, Frankfurt 1884.*

Sternheim, Thea: Sackgassen. Roman, Wiesbaden 1952.

Venske, Regula: «Schriftstellerin gegen das Vergessen». In: Inge Stephan, Regula Venske, Sigrid Weigel: Frauenliteratur ohne Tradition? Frankfurt, 1987.

Weirauch, Anna Elisabet: Der Skorpion, Roman-Trilogie, Berlin 1919, 1921, 1931.

von Roten, Iris: Frauen im Laufgitter. Offene Worte zur Stellung der Frau. Bern, 1958.

Dank

Mein Dank gilt zuerst Ida Erne für Ihren Text und ihr Vertrauen zu mir über die Generationen hinweg, sowie ihrer Nichte Trudy Vanini-Drack für ihre Erinnerungen und das Bereitstellen von Fotos und Dokumenten. Auch Trudi Saxer-Erne und Kurt Erne gaben mir Auskünfte zu ihrer Tante.

Ich bedanke mich bei Patricia Purtschert, Professorin für Geschlechterforschung, für ihr Vorwort, das eine queere Perspektive auf den Text eröffnet. Die Historikerinnen Corinne Rufli, Elisabeth Joris und Claudia Schoppmann haben Texte von mir kommentiert. Die Freundinnen Esther Spinner, Brigit Keller, Anni Rüegg und Cornelia Hacke haben mir ihre spontanen Leseeindrücke zur Erzählung mitgeteilt. Katrin Simonett hat die Fotos digitalisiert und Natalie Raeber ein Crowfounding gestartet. Meine Freundin Marianne Ulmi hat mich als Gesprächspartnerin inspiriert und meinen Text immer wieder geordnet und kommentiert. Die Verlegerin Doris Stump hat die Publikation mit Engagement begleitet.

Bücher aus dem eFeF-Verlag

Madeleine Marti, Corinne Rufli
«Wehrt euch, bevor ihr frustriert und hässig seid»
Das Frauenzentrum Baden 1981–1996

«Wehrt euch, bevor ihr frustriert und hässig seid», sagte die Nationalrätin Liliane Uchtenhagen (1928–2016), als sie nach ihrer Nichtwahl zur Bundesrätin im Jahr 1983 ins Frauenzentrum Baden kam.

Im Frauenzentrum Baden trafen sich von 1981 bis 1996 Frauen aus unterschiedlichen Zusammenhängen zu kulturellen und politischen Anlässen. Sie forderten die tatsächliche Gleichstellung von Frauen und Männern in allen Bereichen und gaben viele feministische Impulse, die von Teilen der Bevölkerung und den Behörden skeptisch verfolgt wurden.

106 Seiten, gebunden
ISBN 978-3-906199-18-4

Eva Kuhn
100 Jahre Gemeinnützige Frauen Baden

Ab Mitte des 19. Jahrhunderts bildeten sich in der Schweiz Hunderte von lokalen Frauenvereinen, die sich wohltätig engagierten, unter anderem der Schweizerische Gemeinnützige Frauenverein (SGF CH) als erster überregionaler Frauenverband der Schweiz. Der SGF Baden wurde 1917 gegründet. Die Themen, für die sich die Gemeinnützigen Frauen Baden bis heute engagieren, spiegeln die gesellschaftliche Entwicklung.

136 Seiten, gebunden, illustriert
ISBN 978-3-906199-12-1

www.efefverlag.ch

Verena E. Müller
Anna Heer
Gründerin der Schweizerischen Pflegerinnenschule

Anna Heer (1863–1918) war eine Pionierin, nicht nur als erste Schweizer Chirurgin, sondern auch als Reformerin der Krankenpflege. Sie gründete 1901 ein Spital mit integrierter Pflegerinnenschule. Sie leitete dieses Unternehmen mit ihrer Freundin Ida Schneider, einer Krankenpflegerin, während fast 18 Jahren.

250 Seiten, mit vielen Fotos illustriert
ISBN 978-3-90619

Barbara Zibell
Care-Arbeit räumlich denken
Feministische Perspektiven auf Planung und Entwicklung

Wie unsere Welt aussehen würde, wenn Frauen sie gestalten, mitgestalten würden und über Jahrhunderte gestaltet, mitgestaltet hätten, davon handelt dieser Band. Die Autorin nimmt das Jubiläumsjahr des Frauenstimmrechts 2021 zum Anlass, um feministische Utopien und Konzepte aus der Geschichte aufzugreifen und Visionen zu entwickeln, Bausteine für eine andere gesellschaftliche Architektur des Zusammenlebens. Sie will zum Weiterdenken anregen, auch über den engeren Fachkreis hinaus. Und sie will nicht zuletzt Lust und Hoffnung auf Zukunft machen. Dies angesichts und trotz – oder gerade wegen – der vielfältigen Krisen, die hinter uns liegen und die wir als Gesellschaft aktuell durchmachen, seien dies Öl-, Finanz-, Klima-, Corona- und viele andere -krisen, die die neoliberale Ökonomie erschüttern und den Ruf nach sozial-ökologischer Transformation laut erschallen lassen. Die These ist, dass Care und eine Haltung des «Caring» andere Formen des Zusammenlebens, des Wirtschaftens und Haushaltens, andere Formen des privaten, politischen wie unternehmerischen Handelns in dieser Welt hervorbringen. Und dass diese wiederum andere institutionelle, gebaute und räumliche Strukturen nach sich ziehen.

ca. 200 Seiten
ISBN 978-3-906199-25-2

www.efefverlag.ch